G.B.S. 하나님 마음에 합한 시리즈 ⑨

하나님 마음에 합한 여인

프리셉트성경연구원 편

묵상하는사람들
프리셉트

*서문

프리셉트성경연구원에서는 1982년 이래로 성경연구 전문서적을 편찬해 왔고 목회자들과 교회지도자들을 하나님의 말씀으로 훈련하는 심도 있는 프리셉트성경연구 과정을 개설해 왔습니다.

한편, 프리셉트는 한국 교회를 효과적으로 돕는 다양한 교재를 구역, 셀, 소그룹 그리고 청년부의 조모임을 위해 많이 개발하고 있습니다. 그 종별의 특징은 다음과 같습니다.

Ⅰ. G.B.S. 교재의 종별 특징

1. High G.B.S. 시리즈

신도 소그룹 중 성경공부를 장기간 진행해 온 분들에게 적합한 교재입니다. 프리셉트성경연구원의 고급 과정(PUP)에서 다루는 내용을 압축하여 정리한 내용으로서, 참여자들이 1시간 정도 예습해 올 수 있을 때에 효과적으로 진행할 수 있는 교재입니다.

2. BEST G.B.S. 시리즈

소그룹 참여자들의 신앙 수준이 다양한 점을 고려하여, 다양한 도입글과 질문을 제시하였습니다. BEST G.B.S.를 쉽고 편하게 진행하기를 원하면, 「더 깊은 연구와 묵상을 위하여」를 생략하고 다룰 수 있습니다.

3. 쉬운 G.B.S. 시리즈

이 교재는 질의응답식 내용을 통해 누구나 예습 없이 현장에서 쉽게 진행할 수 있도록 구성되었습니다.

4. 주제별 G.B.S. 시리즈

이 교재는 성경의 내용을 주제별로 다뤄서 해당 주제에 대해 성경적 세계관을 확립하는 데 큰 도움을 줍니다.

5. 하나님 마음에 합한 시리즈

이 교재는 신앙생활에 관한 16가지 주제를 소그룹용으로 편찬한 교재로서, 쉬운 G.B.S.에 비해 다루는 내용이 넓고 깊습니다.

6. 40분 G.B.S. 시리즈

이 교재는 미국 프리셉트 본부에서 기획된 교재로서, 약 40분 동안 활발한 토의식 성경공부를 진행할 수 있도록 구성된 편리하고 유용한 교재입니다.

7. 성품 G.B.S. 시리즈

이 교재는 성도들이 소그룹에서 끈기 있게 예수님의 성품을 배우도록 편찬되었습니다. 이 시리즈는 감사, 경건 등 성품이란 주제에 대하여 성경 본문을 집중적으로 연구하여 적용하도록 돕는 성품 변화에 통합된 자료입니다.

8. 기타

그 외에 수련회용, 주말 성경학교용, 청소년용, 제자훈련용 등 많은 교재가 준비되어 있습니다.

II. 인도자를 위한 안내

1. 시작 시간을 정확히 지키십시오.
2. 성령님께서 말씀의 비밀을 깨우쳐 주시도록 함께 기도하십시오.
3. 성경공부에 들어가기 전, 지난 주에 깨달은 말씀을 함께 나누면서 마음을 여는 시간을 가지십시오.
4. 인도자는 「도입 질문」을 던지면서 참여자들의 활발한 토론을 유도해 나가십시오. 질문을 할 때에는 교재에 주어진 문제에만 국한하지 말고 다른 보충질문들을 준비하여 이끌어 가십시오.
5. 각 문제마다 적절한 시간을 안배하여 중점적으로 다룰 문제는 충분히 토의하고 지엽적인 문제는 간단히 진행하십시오.
6. 각 과를 인도한 후, 다음의 평가항목을 통해 스스로 자기 점검을 하십시오.
7. 인도자로서 좀 더 깊이 성경을 배우고자 하는 분들은 프리셉트 성경연구 과정에 참여하셔서 도움을 받으시기 바랍니다(문의: 02-588-2218).

Ⅲ. 평가항목

1. 보조 질문은 좋았는가?
   명확하고 간략했는가?
   본문에 충실했는가?
   본질적인 문제에 접근했는가?
   깊은 통찰과 적절한 적용을 이끌어 냈는가?
2. 참여자의 발표를 잘 유도하고 격려했는가?
3. 말을 너무 많이 하거나 적게 하지는 않았는가?
4. 준비를 충분히 하였는가?
5. 본문에서 벗어난 방향으로 토의가 진행되지는 않았는가?
6. 시간은 잘 지켰는가?

Ⅳ. 본 교재에 대하여

"어떻게 하면 하나님의 마음에 합한 여인으로 살아갈 수 있을까?" 하는 생각은 현대를 살아가는 많은 여성 그리스도인의 고민일 것입니다. 이러한 고민 속에서 한국 교회의 헌신된 목회자들이 지혜를 모은 결과 이 같은 본서가 나오게 되었습니다. 가치관이 전도된 현실 속에서 한국 교회의 성도들이 하나님의 백성으로서 정체성을 회복하고 거룩한 공동체를 세워가는 하나님의 마음에 흡족한 성도들이 되길 소망합니다.

본서는 총 12과로 구성되었으며, 소그룹(구역, 셀, 제자양육, 각 교육기관)에서 활용할 수 있도록 구성하였습니다. 다루고 있는 주제는 교회와 사회에서 필요한 그리스도인들의 생활과 영성을 중심으로 하여 그리스도인들에게 꼭 필요한 주제들로 다루었습니다.

프리셉트성경연구원
원장 김경섭 목사

차례

G.B.S. 하나님 마음에 합한 시리즈_ 차례

시리즈 1 하나님 마음에 합한 생활

1과 신령과 진정으로 드리는 예배 · **2과** 하나님의 책 성경 · **3과** 주님께서 가르치신 기도 · **4과** 하나님께 드리는 진실한 찬양 · **5과** 말씀 묵상과 적용의 생활화 · **6과** 성도의 교제 · **7과** 성경적인 재물관과 헌금 · **8과** 발을 씻기는 섬김 · **9과** 하나님의 마음을 전하는 전도 · **10과** 세계를 품은 그리스도인 · **11과** 세례와 성만찬 · **12과** 건강한 주일성수

시리즈 2 하나님 마음에 합한 교회

I. 교회란 무엇인가? · **1과** 교회의 본질 · **2과** 교회의 명칭 및 정의 · **3과** 교회의 속성 · **4과** 교회의 표식 · II. 교회의 사명 · **5과** 모이는 교회 · **6과** 가르치는 교회 · **7과** 역동하는 교회 · **8과** 흩어지는 교회 · III. 교회의 바람직한 모델_초대교회를 중심으로 · **9과** 부흥하는 교회_예루살렘의 처음 교회 · **10과** 전도하는 교회_안디옥 교회 · **11과** 믿는 자의 본이 되는 교회_데살로니가 교회 · **12과** 칭찬 듣는 교회_서머나 교회와 빌라델비아 교회

시리즈 3 하나님 마음에 합한 사람

1과 믿음있는 사람 _ 아브라함 · **2과** 생각하는 사람 _ 예수님 · **3과** 비전을 품은 사람 _ 여호수아 · **4과** 고난을 함께 하는 사람 _ 룻 · **5과** 감동을 주는 사람 _ 다윗 · **6과** 삶의 지경을 넓힌 사람 _ 사도 바울 · **7과** 사랑을 고백한 사람 _ 베드로 · **8과** 정직한 사람 _ 요셉 · **9과** 우선순위를 아는 사람 _ 솔로몬 · **10과** 중심이 변화된 사람 _ 야곱 · **11과** 훈련받은 사람 _ 모세 · **12과** 자신을 아는 사람 _ 세례 요한

시리즈 4 하나님 마음에 합한 사역

Ⅰ. 가정 사역 · **1과** 그리스도인의 가정 · **2과** 그리스도인의 결혼 · **3과** 그리스도인의 건강 · **4과** 그리스도인의 경제 · **5과** 그리스도인의 문화 · **6과** 그리스도인의 여가 · Ⅱ. 사회 생활 · **7과** 그리스도인의 대인관계 · **8과** 그리스도인의 언어 · **9과** 그리스도인의 직장 · **10과** 그리스도인의 구제 · **11과** 그리스도인과 환경 · **12과** 그리스도인의 인격

시리즈 5 하나님 마음에 합한 약속

개요 법을 주신 하나님 · **1과** 제 1계명 다른 신들을 네게 있게 말지니라 · **2과** 제 2계명 우상을 만들거나 섬기지 말라 · **3과** 제 3계명 여호와의 이름을 망령되이 일컫지 말라 · **4과** 제 4계명 안식일을 거룩하게 지키라 · **5과** 제 5계명 부모를 공경하라 · **6과** 제 6계명 살인하지 말라 · **7과** 제 7계명 간음하지 말라 · **8과** 제 8계명 도적질하지 말라 · **9과** 제 9계명 거짓 증거하지 말라 · **10과** 제 10계명 이웃의 것을 탐내지 말라 · **결론** 행함이 있는 믿음 · **인도자 지침**

시리즈 6 하나님 마음에 합한 열매

1과 열매가 있습니까? · **2과** 열매 맺는 힘 · **3과** 사랑 1 · **4과** 사랑 2 · **5과** 희락 · **6과** 화평 · **7과** 오래 참음 · **8과** 자비 · **9과** 양선 · **10과** 충성 · **11과** 온유 · **12과** 절제 · **인도자 지침**

시리즈 8 하나님 마음에 합한 기도

1과 이렇게 기도하라 · **2과** 하늘에 계신(기도의 대상 I) · **3과** 우리 아버지여(기도의 대상 II) · **4과** 이름이 거룩히 여김을 받으시오며 · **5과** 나라이 임하옵시며 · **6과** 뜻이 하늘에서 이룬 것같이 땅에서도 이루어지이다 · **7과** 오늘날 우리에게 일용할 양식을 주옵시고 · **8과** 우리가 우리에게 죄 지은 자를 사하여 준 것같이 · **9과** 우리 죄를 사하여 주옵시고 · **10과** 우리를 시험에 들게 하지 마옵시고 다만 악에서 구하옵소서 · **11과** 나라와 권세와 영광이 아버지께 영원히 있사옵나이다 · **12과** 대개와 아멘

시리즈 11 하나님 마음에 합한 소원

1과 아브라함의 소원 · **2과** 이삭의 소원 · **3과** 삼손의 소원 · **4과** 한나의 소원 · **5과** 다윗의 소원 · **6과** 솔로몬의 소원 · **7과** 엘리야의 소원 · **8과** 야베스의 소원 · **9과** 히스기야의 소원 · **10과** 다니엘의 소원 · **11과** 요나의 소원 · **12과** 바울의 소원

시리즈 12 하나님 마음에 합한 재정

1과 돈이란? · **2과** 신앙과 재물 · **3과** 깨끗한 수입 · **4과** 검소한 생활 · **5과** 재물과 인간관계 · **6과** 구제와 나눔 · **7과** 미래를 준비하는 삶 · **8과** 바른 헌금 · **9과** 십일조 · **10과** 예배와 절기 헌금 · **11과** 특별 헌금 · **12과** 떳떳한 가난, 깨끗한 부자

시리즈 13 하나님 마음에 합한 성령사역

1과 성령은 누구신가? · **2과** 성령을 받아야 하는가? · **3과** 성령의 구원 사

역 · **4과** 보혜사 성령 · **5과** 세상을 향한 성령의 역사 · **6과** 성령의 은사 · **7과** 은사의 활용과 계발 · **8과** 성령의 열매 · **9과** 성령이 내주하는 삶 · **10과** 성령의 대적 · **11과** 성령의 사람들 · **12과** 성령과 교회

시리즈 14 하나님 마음에 합한 중보기도

1과 중보기도란? · **2과** 중보기도자 · **3과** 중보기도 훈련 · **4과** 중보기도 그룹 · **5과** 교회를 위한 중보기도 · **6과** 목회자를 위한 중보기도 · **7과** 선교사와 선교지를 위한 중보기도 · **8과** 이웃을 위한 중보기도 · **9과** 나라와 민족을 위한 중보기도 · **10과** 가정을 위한 중보기도 · **11과** 중보기도의 사람들 · **12과** 중보기도의 삶

시리즈 15 하나님 마음에 합한 전도

1과 전도란? · **2과** 사명으로서의 전도 · **3과** 전도자의 훈련 · **4과** 무엇을 전할까? · **5과** 개인 전도 · **6과** 문턱을 낮추는 전도 · **7과** 그룹 전도 · **8과** 다양한 전도 방법 · **9과** 전도, 그 이후 · **10과** 전도와 중보기도 · **11과** 전도의 장애물 · **12과** 전도와 성령

시리즈 16 하나님 마음에 합한 예배

1과 예배란? · **2과** 예배의 대상 · **3과** 하나님이 찾으시는 예배자 · **4과** 찬양과 경배 · **5과** 기도와 간구 · **6과** 말씀의 선포 · **7과** 헌신의 결단 · **8과** 정성의 예물 · **9과** 성례전 · **10과** 다양한 예배 · **11과** 가정 예배 · **12과** 예배 공동체

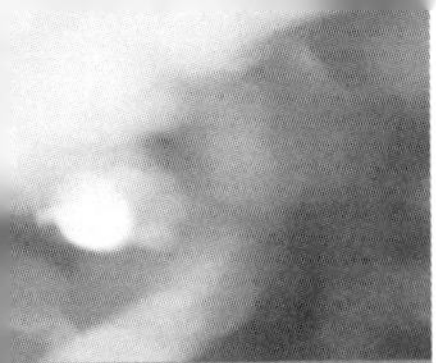

1

리브가
– 믿음의 대를 이어간 여인

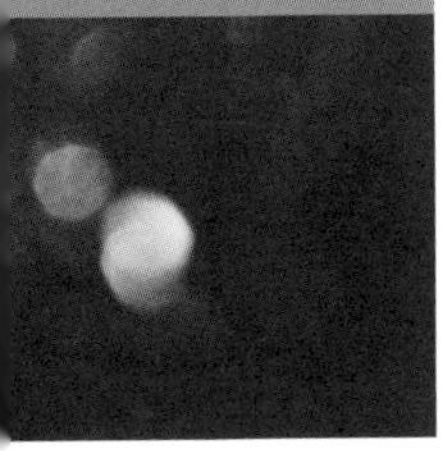

찬송: 359장

본문: 창세기 24:50-60

50라반과 브두엘이 대답하여 가로되 이 일이 여호와께로 말미암
았으니 우리는 가부를 말할 수 없노라 51리브가가 그대 앞에 있
으니 데리고 가서 여호와의 명대로 그로 그대의 주인의 아들의
아내가 되게 하라 52아브라함의 종이 그들의 말을 듣고 땅에 엎
드리어 여호와께 절하고 53은금 패물과 의복을 꺼내어 리브가에
게 주고 그 오라비와 어미에게도 보물을 주니라 54이에 그들 곧
종과 종자들이 먹고 마시고 유숙하고 아침에 일어나서 그가 가
로되 나를 보내어 내 주인에게로 돌아가게 하소서 55리브가의 오
라비와 그 어미가 가로되 소녀로 며칠을 적어도 열흘을 우리와
함께 있게 하라 그 후에 그가 갈 것이니라 56그 사람이 그들에게
이르되 나를 만류치 마소서 여호와께서 내게 형통한 길을 주셨
으니 나를 보내어 내 주인에게로 돌아가게 하소서 57그들이 가로
되 우리가 소녀를 불러 그에게 물으리라 하고 58리브가를 불러
그에게 이르되 네가 이 사람과 함께 가려느냐 그가 대답하되 가
겠나이다 59그들이 그 누이 리브가와 그의 유모와 아브라함의 종
과 종자들을 보내며 60리브가에게 축복하여 가로되 우리 누이여
너는 천만 인의 어미가 될지어다 네 씨로 그 원수의 성문을 얻게
할지어다

도입글

잘 생기고 예쁘게 생긴 주연만 홀로 관심과 찬사를 받던 시대는 어느덧 옛날 이야기가 되어 버리고 말았습니다. 현대는 주연보다 튀는 조연들이 주목받는 시대입니다. 그런데 한 옛날 이스라엘의 어느 마을에서 그러한 일이 벌어졌습니다. 아브라함과 이삭과 야곱, 그 당당한 주연들 곁에 수많은 조연들이 등장합니다. 그런데 유독 리브가는 다른 조연들과는 확연히 다른 면모를 우리에게 보여 줍니다. 리브가는 하나님의 선택에 믿음으로 응답함으로써 아브라함 가문의 조연으로 등장했습니다. 그러나 그녀는 주연보다 더 하나님의 뜻과 계획을 꿰뚫어 보았던 조연이었습니다. 그래서 주연보다 더 하나님의 구속사에 큰 영향력을 행사한 조연이 되었습니다. 믿음으로, 대담함으로 천만 인의 어미가 되었던 리브가의 이야기를 따라가 봅시다.

여는 질문

1. 당신은 가족들 사이에서 대체로 어떤 역할을 합니까?

2. 당신은 배우자에게 어떤 도움을 주고 있습니까? 외조 혹은 내조의 방법을 함께 나누어 봅시다.

본론

1. 리브가는 아브라함의 명을 받은 늙은 종에 의해 며느리로 선택되었습니다. 리브가가 선택되는 과정은 어떠했으며 그녀는 이 결혼 제안에 어떻게 반응했습니까?

창세기 24:2-4

2아브라함이 자기 집 모든 소유를 맡은 늙은 종에게 이르되 청컨대
네 손을 내 환도뼈 밑에 넣으라 3내가 너로 하늘의 하나님, 땅의 하
나님이신 여호와를 가리켜 맹세하게 하노니 너는 나의 거하는 이
지방 가나안 족속의 딸 중에서 내 아들을 위하여 아내를 택하지 말
고 4내 고향 내 족속에게로 가서 내 아들 이삭을 위하여 아내를 택
하라

창세기 24:12-14

12그가 가로되 우리 주인 아브라함의 하나님 여호와여 원컨대 오늘
날 나로 순적히 만나게 하사 나의 주인 아브라함에게 은혜를 베푸
시옵소서 13성 중 사람의 딸들이 물 길러 나오겠사오니 내가 우물
곁에 섰다가 14한 소녀에게 이르기를 청컨대 너는 물 항아리를 기울
여 나로 마시게 하라 하리니 그의 대답이 마시라 내가 당신의 약대
에게도 마시우리라 하면 그는 주께서 주의 종 이삭을 위하여 정하
신 자라 이로 인하여 주께서 나의 주인에게 은혜 베푸심을 내가 알
겠나이다

2. 리브가가 에서보다 야곱을 더 사랑한 이유는 무엇이었습니까? 또 왜 믿음의 대가 장자인 에서가 아닌 동생 야곱에게 계승되었습니까?

창세기 25:27-28
27그 아이들이 장성하매 에서는 익숙한 사냥꾼인 고로 들사람이 되
고 야곱은 종용한 사람인 고로 장막에 거하니 28이삭은 에서의 사냥
한 고기를 좋아하므로 그를 사랑하고 리브가는 야곱을 사랑하였더
라

창세기 25:34
34야곱이 떡과 팥죽을 에서에게 주매 에서가 먹으며 마시고 일어나
서 갔으니 에서가 장자의 명분을 경홀히 여김이었더라

3. 리브가는 이삭의 축복을 야곱에게 돌리기 위해 어떤 일을 했습니까? 또 그 결과는 어떠했습니까?

창세기 27:8-10
8그런즉 내 아들아 내 말을 좇아 내가 네게 명하는 대로 9염소 떼에
가서 거기서 염소의 좋은 새끼를 내게로 가져오면 내가 그것으로
네 부친을 위하여 그 즐기시는 별미를 만들리니 10네가 그것을 가져
네 부친께 드려서 그로 죽으시기 전에 네게 축복하기 위하여 잡수
시게 하라

창세기 27:43-45
43내 아들아 내 말을 좇아 일어나 하란으로 가서 내 오라버니 라반

에게 피하여 44네 형의 노가 풀리기까지 몇 날 동안 그와 함께 거하
라 45네 형의 분노가 풀려 네가 자기에게 행한 것을 잊어버리거든
내가 곧 보내어 너를 거기서 불러오리라 어찌 하루에 너희 둘을 잃
으랴

배우기

1. 늙은 아브라함은 늙은 종을 불러 이삭의 아내를 구하도록 했습니다. 이삭이 아내를 얻어 믿음의 대를 잇는 일은 아브라함에게 매우 중요한 일이었습니다. 하나님의 약속처럼 수많은 자손을 얻기 위한 시작이기도 했고, 신앙의 대를 이어가는 일이기도 했기 때문입니다. 이 일을 위해 늙은 종이 선택되었습니다.

   1) 아브라함은 하나님의 명령을 따라 오랫동안 타향 생활을 했지만 며느리만은 가나안이 아닌 자신의 고향에서 얻기를 원했습니다. 이런 아브라함의 선택 기준은 후에 리브가에 의해서도 재현됩니다.

   2) 늙은 종의 기도대로 며느리를 선택하는 일은 순적히 진행되었습니다. 늙은 종이 하나님께 원한 선택의 기준은 친절과 온유, 그리고 사려 깊은 성품이었습니다. 늙은 종의 기도가 채 끝나기도 전에 나타난 아리따운 여인은 바로 아브라함의 동생 나홀의 아내 밀가의 아들 브두엘의 소생이었던 리브가였습니다. 가족들이 리브가에게 늙은 종을 따라 나설 것인지 묻자 리브가는 단호하게 대답합니다. "가겠나이다."

리브가는 고향과 아버지의 집을 떠나 먼 타향으로 시집을 가기로 결정했습니다. 어려운 결심이었지만 그녀가 단호할 수 있었던 이유는 이 일이 이미 하나님에 의해 진행된 일인 줄 알았기 때문입니다. 리브가는 어느 날 갑자기 닥친 일 앞에서도 하나님을 의지하는 믿음으로 의연하게 처신했습니다.

2. 리브가는 아들 쌍둥이를 낳았습니다. 태중에서부터 서로 싸운 두 아들은 태어나서도 전혀 다르게 성장해 갔습니다.

1) 아버지는 맏아들을 어머니는 막내아들을 사랑했습니다. 서로 다른 취향을 가졌기 때문이기도 했지만 리브가는 믿음의 대를 이을 아들로 야곱을 선택했습니다. 축복권은 아버지 이삭에게 있었지만 정작 그 축복을 받을 아들을 선택한 사람은 어머니 리브가였습니다. "천만 인의 어미가 될지어다"라는 리브가 가족들의 축복은 리브가의 선택에 의해서 현실이 됩니다.

2) 에서는 맏아들이었지만 장자의 명분을 소홀히 했습니다. 경박한 처신은 결국 믿음의 대를 동생에게 빼앗기는 결과를 가져왔습니다.

3) 아브라함은 가나안에 살면서도 며느리만은 고향 사람을 원했습니다. 이삭과 리브가 역시 이방 여인을 꺼려했습니다. 그러나 에서는 부모의 바람을 등지고 헷 족속의 여자를 아내로 맞았고, 이 일로 인해 이삭과 리브가는 근심했습니다.

3. 이삭은 죽기 전에 에서를 축복하려고 했습니다. 맏아들이 축복을 받는 것은 당연한 일이었고, 더군다나 이삭은 맏아들인 에서를 더욱 사랑했던 터였습니다. 그러나 리브가는 믿음의 대를 이을 아들로 야곱을 선택했습니다.

1) 이삭이 에서를 축복하려던 날, 리브가는 그 기회를 놓치지 않고 이삭의 축복을 야곱에게 돌릴 계획을 세우고 실행에 옮깁니다. 야곱은 주저하며 망설였지만 어머니는 단호하기만 했습니다. 리브가는 아버지 이삭의 축복이 단순한 요식 행위가 아닌 하나님의 약속을 이룰 사람으로 선택된다는 뜻이라는 사실을 잘 알고 있었습니다. 야곱이 축복을 받은 것은 야곱의 의지보다는 리브가의 적극적인 의지, 대담한 계획, 재빠른 실행 때문이었습니다. 이 일로 인해 리브가는 믿음의 대를 바꾸는 큰 사건의 기획자와 실행자가 됩니다.

"누가 현숙한 여인을 찾아 얻겠느냐 그 값은 진주보다 더 하니라"(잠 31:10).

"그 자식들은 일어나 사례하며 그 남편은 칭찬하기를 덕행 있는 여자가 많으나 그대는 여러 여자보다 뛰어난다 하느니라 고운 것도 거짓되고 아름다운 것도 헛되나 오직 여호와를 경외하는 여자는 칭찬을 받을 것이라"(잠 31:28-30).

2) 리브가는 믿음의 대를 잇기 위해 큰일을 해냈지만, 사랑하는 아들 야곱과 헤어지는 대가를 치러야 했습니다. 이렇게 헤어진 어머니와 아들은 죽을 때까지 서로를 보지 못한 채 살아야만 했습니다. 길을 떠나는 야곱을 향한 어머니의 부탁은 아브라함의 바람과 한결같았습니다. 즉 이방 여인이 아닌 고향 사람을 아내로 얻으라는 것이었습니다. 속아서 야곱을 축복한 아버지 이삭도 같은 말로 설득합니다. 이런 리브가의 바람은 야곱에게 축복을 돌린 행위가 단순한 편애 때문이 아니라 신앙적인 결단임을 보여 줍니다.

3) 평생 어머니를 보지 못한 야곱은 유언을 통해 어머니 곁에 묻히기를 소원합니다. 아버지와 어머니의 품을 떠나 평생을 객지에서 외롭게 살았던 야곱은 자신의 인생을 하나님 편에 서게 했던 어머니의 곁에 장사되었습니다.

적용 질문

1. 당신은 자녀가 빗나갈 때 어떤 방법으로 가르칩니까?

2. 당신은 당신의 가정이 가져야 할 바른 모습에 대한 확고한 소신이 있습니까?

메시지

리브가는 믿음의 대를 잇기 위해 하나님이 선택하신 여인이었습니다. 아브라함과 이삭과 야곱으로 이어지는 족보에서 리브가는 드러나지 않으면서도 자신의 역할을 소신껏 해냈습니다. 리브가의 역할은 단순히 가장의 내조자, 아들들의 어머니에만 머무르지 않았습니다. 오히려 이삭보다 하나님의 뜻을 더 잘 살폈고, 야곱보다 치밀하며 담대했습니다. 리브가의 철저한 신앙과 뛰어난 지혜는 담대함으로 인해 더욱 빛났습니다. 결국 리브가에 의해 하나님의 약속이 야곱을 통해 성취되었습니다.

믿음 있는 여인은 가정의 들보가 됩니다. 지혜 있는 여인은 가정의 등불이 됩니다. 담대한 여인은 가정의 울타리가 됩니다. 리브가는 소리나지 않게, 드러나지 않게, 그러나 맡은 일과 해야 할 일에는 흔들림이 없었던 여인이었습니다.

당신의 가정에 당신이 있음으로 인해서 평안과 기쁨이 있기를 바랍니다. 당신의 가정이 당신의 믿음으로 인해 하나님께 인정받기를 바랍니다. 당신의 지혜와 담대함으로 인해 당신의 가정이 해처럼 빛나기를 바랍니다.

2

라합
– 하나님이 예비한 여인

찬송: 382장

본문: 여호수아 2:8-14

8두 사람이 눕기 전에 라합이 지붕에 올라가서 그들에게 이르러
9말하되 여호와께서 이 땅을 너희에게 주신 줄을 내가 아노라 우
리가 너희를 심히 두려워하고 이 땅 백성이 다 너희 앞에 간담이
녹나니 10이는 너희가 애굽에서 나올 때에 여호와께서 너희 앞에
서 홍해 물을 마르게 하신 일과 너희가 요단 저편에 있는 아모리
사람의 두 왕 시혼과 옥에게 행한 일 곧 그들을 전멸시킨 일을
우리가 들었음이라 11우리가 듣자 곧 마음이 녹았고 너희의 연고
로 사람이 정신을 잃었나니 너희 하나님 여호와는 상천하지(上
天下地)에 하나님이시니라 12-13그러므로 청하노니 내가 너희를
선대하였은즉 너희도 내 아버지의 집을 선대하여 나의 부모와
남녀 형제와 무릇 그들에게 있는 모든 자를 살려주어 우리 생명
을 죽는 데서 건져내기로 이제 여호와로 맹세하고 내게 진실한
표를 내라 14두 사람이 그에게 이르되 네가 우리의 이 일을 누설
치 아니하면 우리의 생명으로 너희를 대신이라도 할 것이요 여
호와께서 우리에게 이 땅을 주실 때에는 인자하고 진실하게 너
를 대우하리라

도입글

인생역전. 로또 복권 이야기가 아닙니다. 여기 하나님을 선택함으로 말미암아 인생역전의 드라마를 만든 주인공이 있습니다. 여리고의 기생 라합이 바로 그 사람입니다. 여리고는 매우 아름다운 성이었습니다. 라합은 광야처럼 척박한 땅이 아닌 아름답고 모든 것이 풍요로운 성에서 살았지만 그녀의 인생은 아름답지 않았습니다. 아름답게 치장하고 웃음을 지어야 살 수 있는 기생 라합, 그러나 결코 아름답지도, 기쁘지도 않은 삶을 살아야 했습니다. 이때 그녀에게 들려온 이스라엘의 하나님 여호와에 대한 소문은 라합에게 더할 수 없는 희망을 주었습니다. 여리고의 백성들에게 여호와의 능력은 간담이 녹을 만큼 두려운 소문이었지만, 라합에게는 희망의 기쁜 소식이었습니다. 마침내 라합은 온갖 위험을 무릅쓰고 이스라엘의 정탐꾼을 도와 하나님의 역사에 참여합니다. 행동하는 믿음과 지혜와 용기는 라합으로 하여금 새로운 인생을 살게 했습니다.

여는 질문

1. 당신은 이제까지 살아오면서 목숨을 걸 만한 무엇인가를 선택한 경험이 있습니까?

2. 당신의 인생에 전환점이 될 만한 사건이 있습니까? 그 사건에서 당신은 어떤 선택을 했습니까?

본론

1. 라합은 하나님의 역사를 믿었던 여인이었습니다. 라합이 가졌던 하나님에 대한 신앙은 어떤 것이었습니까?

여호수아 2:9-11
9말하되 여호와께서 이 땅을 너희에게 주신 줄을 내가 아노라 우리
가 너희를 심히 두려워하고 이 땅 백성이 다 너희 앞에 간담이 녹나
니 10이는 너희가 애굽에서 나올 때에 여호와께서 너희 앞에서 홍해
물을 마르게 하신 일과 너희가 요단 저편에 있는 아모리 사람의 두
왕 시혼과 옥에게 행한 일 곧 그들을 전멸시킨 일을 우리가 들었음
이라 11우리가 듣자 곧 마음이 녹았고 너희의 연고로 사람이 정신을
잃었나니 너희 하나님 여호와는 상천하지(上天下地)에 하나님이시
니라

2. 라합은 목숨을 걸고 정탐꾼을 도왔던 행동하는 여인이었습니다. 라합의 활약상을 말해 보십시오.

· 숨길 때 :

· 도망할 때 :

여호수아 2:3-6

3여리고 왕이 라합에게 기별하여 가로되 네게로 와서 네 집에 들어
간 사람들을 끌어내라 그들은 이 온 땅을 탐지하러 왔느니라 4그 여
인이 그 두 사람을 이미 숨긴지라 가로되 과연 그 사람들이 내게 왔
었으나 그들이 어디로서인지 나는 알지 못하였고 5그 사람들이 어
두워 성문을 닫을 때쯤 되어 나갔으니 어디로 갔는지 알지 못하되
급히 따라가라 그리하면 그들에게 미치리라 하였으나 6실상은 그가
이미 그들을 이끌고 지붕에 올라가서 그 지붕에 벌여놓은 삼대에
숨겼더라

여호수아 2:15-16

15라합이 그들을 창에서 줄로 달아내리우니 그 집이 성벽 위에 있으
므로 그가 성벽 위에 거하였음이라 16라합이 그들에게 이르되 두렵
건대 따르는 사람들이 너희를 만날까 하노니 너희는 산으로 가서
거기 사흘을 숨었다가 따르는 자들이 돌아간 후에 너희 길을 갈지
니라

3. 라합은 여리고 성이 함락된 이후 전혀 새로운 삶을 살게 됩니다. 라합의 변화된 모습은 어떠했습니까?

여호수아 6:25

25여호수아가 기생 라합과 그 아비의 가족과 그에게 속한 모든 것을
살렸으므로 그가 오늘날까지 이스라엘 중에 거하였으니 이는 여호
수아가 여리고를 탐지하려고 보낸 사자를 숨겼음이었더라

마태복음 1:5

5살몬은 라합에게서 보아스를 낳고 보아스는 룻에게서 오벳을 낳고
오벳은 이새를 낳고

배우기

1. 라합은 광야를 지나는 동안 이스라엘 백성들과 함께하신 하나님의 역사를 잘 알고 있었습니다. 그래서 라합은 이스라엘의 두 정탐꾼 앞에서 "여호와께서 이 땅을 너희에게 주신 줄을 내가 아노라"라고 고백합니다. 라합은 하나님의 역사를 믿었던 여인이었습니다. 라합이 고백한 하나님 신앙, 즉 "너희 하나님 여호와는 상천하지에 하나님이시라"는 구절은 이스라엘 백성들의 전통적인 하나님 신앙과 일치하는 것이었습니다.

> "그런즉 너는 오늘날 상천하지에 오직 여호와는 하나님이시요 다른 신이 없는 줄을 알아 명심하고"(신 4:39).

히브리서 기자는 이러한 라합을 가리켜 믿음의 여인이라고 칭찬합니다.

> "믿음으로 기생 라합은 정탐꾼을 평안히 영접하였으므로 순종치 아니한 자와 함께 멸망치 아니하였도다"(히 11:31).

2. 라합은 입으로만 하나님 신앙을 고백하지 않았습니다. 그녀는 목숨을 걸고 정탐꾼을 도왔던 행동하는 여인이기도 했습니다. 만에 하나 정탐꾼이 들키기라도 하면 정탐꾼과 자신은 물론 자신의 온 가족까지 죽을 위기였지만 라합은 의연하고 담대하게 행동합니다. 또한 라합은 정탐꾼을 숨겨 준 것뿐만 아니라 이스라엘 진지까지 안전하게 갈 수 있는 길을 안내할 만큼 침착하고 지혜로운 여인이었습니다.

야고보서 기자는 이러한 라합을 행함이 있는 믿음의 소유자였다고 평가하고 있습니다.

> "또 이와 같이 기생 라합이 사자를 접대하여 다른 길로 나가게 할 때에 행함으로 의롭다 하심을 받은 것이 아니냐"(약 2:25).

3. 여리고의 라합은 천한 기생이었지만 여리고 성이 함락된 이후 전혀 새로운 삶을 살게 됩니다. 여호수아는 라합과의 약속을 잊지 않고 지켰습니다. 이제 라합은 더 이상 천한 기생이 아닌 다윗과 예수님의 족보에 오르는 복된 여인, 선택된 여인이 되었습니다.

> "말씀이 육신이 되어 우리 가운데 거하시매 우리가 그 영광을 보니 아버지의 독생자의 영광이요 은혜와 진리가 충만하더라"(요 1:14).

적용 질문

1. 당신은 다른 무엇보다 하나님을 선택할 만한 믿음과 용기가 있습니까?

---

2. 당신의 삶 속에서 하나님을 선택한다는 것이 구체적으로 어떤 것인지 말해 보십시오.

메시지

이스라엘의 가나안 정착에는 무수한 어려움이 있었습니다. 그 중 여리고 성은 첫 번째 관문이었습니다. 백성들은 이 첫 번째 장애물 앞에서 두려움과 걱정을 앞세웠지만 하나님께서는 라합을 예비하고 계셨습니다. 적을 알고 나를 알면 반드시 승리합니다. 정탐꾼들은 라합을 통해 여리고 사람들이 자신들을 두려워한다는 사실을 알았습니다. 이 소식은 가나안 거민들을 두려워하던 이스라엘에게 큰 위로와 힘이 되었을 것입니다.

라합은 비록 천한 신분의 기생이었지만 하나님을 바로 알고 바로 믿는 귀한 믿음의 소유자였습니다. 또한 라합에게는 그가 믿는 믿음을 행동으로 옮길 만한 용기도 있었고, 어려움을 헤쳐 나갈 만한 지혜도 있었습니다. 라합은 어떤 무엇보다 하나님을 선택함으로 인해 하나님의 마음에 합한 여인이 되었습니다. 그녀의 선택에는 자신뿐만 아니라 가족들의 목숨까지 걸려 있었습니다. 모든 것을 걸고 하나님을 택한 라합은 하나님 안에서 새로운 인생을 펼쳐갑니다.

하나님께서는 죄인이라도 들어 쓰기를 마다하지 않으십니다. 거룩하고 죄없는 자들이 아닌 허물 많고 부족한 이들을 들어서 역사의 주인공으로 삼으시는 분이 우리 하나님입니다. 하나님은 라합의 과거가 아닌 미래를 보셨습니다. 하나님은 라합의 허물이 아닌 그의 담대한 믿음을 보셨습니다. 결국 라합은 하나님에 의해 구원받고, 또 예수님의 족보에 오르는 영광스러운 여인이 되었습니다. 당신에게 라합과 같은 믿음과 지혜와 용기가 있기를 바랍니다. 그래서 하나님의 역사를 위해 쓰임받는 복과 은혜가 있기를 바랍니다.

3

드보라
– 하나님의 여장부

찬송: 388장
본문: 사사기 4:14-16

14드보라가 바락에게 이르되 일어나라 이는 여호와께서 시스라
를 네 손에 붙이신 날이라 여호와께서 너의 앞서 행하지 아니하
시느냐 이에 바락이 일만 명을 거느리고 다볼 산에서 내려가니
15여호와께서 바락의 앞에서 시스라와 그 모든 병거와 그 온 군
대를 칼날로 쳐서 패하게 하시매 시스라가 병거에서 내려 도보
로 도망한지라 16바락이 그 병거들과 군대를 추격하여 이방 하로
셋에 이르니 시스라의 온 군대가 다 칼에 엎드러졌고 남은 자가
없었더라

도입글

여성해방은 예로부터 지금까지 참으로 요원한 문제였습니다. 동서고금을 막론하고 여성은 단지 여성이라는 이유만으로 온갖 차별을 당해야만 했습니다. 그러나 역사를 보면 남성들보다 훨씬 능력이 뛰어났던 여성들을 만날 수 있습니다. 여성으로서의 역할에만 머무르지 않고 오히려 남성들을 압도했던 그런 여성들이 있습니다. 오늘 살펴볼 드보라가 바로 그 대표적인 예입니다. 평시에는 남성들보다 더 뛰어난 지혜로, 전시에는 남성들보다 더 뛰

어난 용기를 가지고 승리를 차지했던 여인이 드보라입니다. 드보라의 이야기는 우리에게 남성과 여성의 구별이 얼마나 부질없는 일인지를 잘 가르쳐 줍니다. 하나님께서 들어 쓰셨던 하나님의 여장부, 드보라를 만나 보십시오.

여는 질문

1. 당신은 남자와 여자가 해야 할 일을 구분합니까?

____

____

2. 당신은 여성스러움에 대해 어떤 이미지를 가지고 있습니까?

____

____

본론

1. 사사 드보라와 그와 더불어 전쟁에 나섰던 바락, 그리고 전쟁에서 또 다른 활약을 하는 여인은 어떤 사람이었습니까? 전쟁에서의 활약상을 말해 보십시오.

 · 드보라 :

 · 바락 :

 · 야엘 :

사사기 4:4-9

4그 때에 랍비돗의 아내 여선지 드보라가 이스라엘의 사사가 되었
는데 5그는 에브라임 산지 라마와 벧엘 사이 드보라의 종려나무 아
래 거하였고 이스라엘 자손은 그에게 나아가 재판을 받더라 6드보
라가 보내어 아비노암의 아들 바락을 납달리 게데스에서 불러다가
그에게 이르되 이스라엘 하나님 여호와께서 이같이 명하지 아니하
셨느냐 이르시기를 너는 납달리 자손과 스불론 자손 일만 명을 거
느리고 다볼 산으로 가라 7내가 야빈의 군대 장관 시스라와 그 병거
들과 그 무리를 기손 강으로 이끌어 네게 이르게 하고 그를 네 손에
붙이리라 하셨느니라 8바락이 그에게 이르되 당신이 나와 함께 가
면 내가 가려니와 당신이 나와 함께 가지 아니하면 나는 가지 않겠
노라 9가로되 내가 반드시 너와 함께 가리라 그러나 네가 이제 가는
일로는 영광을 얻지 못하리니 이는 여호와께서 시스라를 여인의 손
에 파실 것임이니라 하고 드보라가 일어나 바락과 함께 게데스로
가니라

사사기 4:21

21그가 곤비하여 깊이 잠든지라 헤벨의 아내 야엘이 장막 말뚝을 취
하고 손에 방망이를 들고 그에게로 가만히 가서 말뚝을 그 살쩍에
박으매 말뚝이 꿰뚫고 땅에 박히니 시스라가 기절하여 죽으니라

2. 드보라는 하나님의 여장부로서 뛰어난 지도자의 역할을 잘 감당했습니다. 드보라가 지도자로서 뛰어났던 점들을 말해 보십시오.

사사기 4:8
8바락이 그에게 이르되 당신이 나와 함께 가면 내가 가려니와 당신
이 나와 함께 가지 아니하면 나는 가지 않겠노라

사사기 4:14
14드보라가 바락에게 이르되 일어나라 이는 여호와께서 시스라를
네 손에 붙이신 날이라 여호와께서 너의 앞서 행하지 아니하시느냐
이에 바락이 일만 명을 거느리고 다볼 산에서 내려가니

3. 다음의 찬양을 하는 이들은 누구입니까? 또 이들이 하나님을 찬양하는 이유는 무엇입니까?

사사기 5:1-3
1이 날에 드보라와 아비노암의 아들 바락이 노래하여 가로되 2이스
라엘의 두령이 그를 영솔하였고 백성이 즐거이 헌신하였으니 여호
와를 찬송하라 3너희 왕들아 들으라 방백들아 귀를 기울이라 나 곧
내가 여호와를 노래할 것이요 이스라엘의 하나님 여호와를 찬송하
리로다

배우기

1. 하나님은 이스라엘을 위기로부터 구할 인물들을 미리 예비하고 계셨습니다. 당시 이미 사사로 일하고 있던 드보라, 드보라를 도와 전쟁에 나섰던 바락, 그리고 적장을 죽임으로써 전쟁

을 마무리했던 야엘이 그들입니다. 이 세 사람은 서로 힘을 합쳐 시스라와 그의 군대를 전멸시켰습니다.

1) 하나님은 드보라를 이스라엘 민족의 사사로 세우셨습니다. 당시의 관습으로 볼 때 남자가 아닌 여자가 민족의 지도자가 된다는 것은 분명 쉽지 않은 일이었습니다. 사사는 보통 이스라엘에 위기가 닥쳤을 때 하나님에 의해 부름을 받아 전쟁 등의 위기에서 민족을 구하는 역할을 감당했습니다. 그래서 대개의 사사는 전쟁 영웅이기도 했습니다. 그러나 드보라는 단지 전쟁을 승리로 이끈 사사로만 기억되지 않습니다. 드보라는 평시에도 백성들을 재판하는 일을 수행했던 사사였습니다. 드보라가 재판관의 역할을 했다는 것은 이미 백성들로부터 존경을 받는 사람이었다는 사실을 말해 줍니다.

2) 바락은 드보라에 의해 선택된 장수였습니다. 그는 드보라의 명령을 받아 전쟁에 나서 야빈의 군대를 물리칩니다. 그러나 그는 드보라의 명령을 받았을 때 드보라가 동행해야 한다는 조건을 붙입니다. 이런 나약한 면 때문에 드보라는 바락이 승리하지만 영광을 얻지 못할 것이라고 예언합니다.

3) 이 전쟁에는 하나님께서 예비하신 또 하나의 여인이 등장합니다. 바로 헤벨의 아내였던 야엘이었습니다. 야엘은 바락에게 쫓겨 피신한 군대장관 시스라를 죽임으로써 전쟁을 마무리했습니다.

2. 드보라는 이스라엘의 사사로서, 하나님께서 선택하신 여장부로서 뛰어난 지도력을 발휘했습니다. 드보라는 자신이 선택한 이스라엘 군대의 장수 바락은 물론이요, 모든 백성들이 믿고 따를 만한 지도자였습니다.

1) 바락은 드보라의 명령을 받았지만 선뜻 나서지 못했습니다. 전쟁이 두려웠고 승리에 대한 자신감이 없었기 때문이었습니다. 그래서 바락은 자신이 믿고 따르는 드보라에게 함께 가자고 청합니다. 드보라는 바락의 청에 흔쾌히 응했습니다. 드보라는 무엇보다 앞장서는 지도자였습니다.

2) 드보라는 확신 있는 믿음의 지도자였습니다. 하나님께서 승리를 주실 것이라는 확신이 있었기에 두려움이 없었고, 그래서 선뜻 나서지 못하는 바락에게도 용기를 불어넣어 주었습니다. 바락은 드보라의 확신에 찬 명령을 받고 비로소 적과 싸우기 시작했습니다.

3) 드보라는 뛰어난 지도력으로 전쟁에서 승리한 지도자가 되었습니다. 앞장서는 용기, 하나님이 함께하신다는 확신으로 드보라는 시스라와 그의 온 군대를 전멸시키며 큰 승리를 거두었습니다. 성경은 남은 자가 없었다고 전합니다.

3. 드보라는 전쟁에서 승리한 후 백성들과 더불어 하나님을 찬양합니다. 전쟁에서 이긴 기쁨 속에는 자랑이나 자찬 대신 하나님께 대한 감사와 찬양만이 넘칩니다. 이스라엘의 모든 사사들은 자신의 역할이 끝나면 곧 옛날의 자기 자리로 돌아가는

겸손한 모습을 보여 주고 있습니다. 왕정 시대의 왕들과 달리 스스로 권력을 탐하지 않는 신실한 사사들의 모습은 오늘까지도 귀감이 되고 있습니다. 드보라도 전쟁에서 이긴 공을 구실로 권력이나 자기 영광을 구하지 않았습니다. 오직 하나님만 찬양하는 드보라의 모습 속에서 우리는 참 신앙인의 바른 자세를 배울 수 있습니다.

생각해 보는 이야기

영광은 하나님께

작곡가 하이든은 그의 역작 천지창조를 완성했지만 나이가 많아 직접 지휘를 할 수 없었습니다. 할 수 없이 젊은 지휘자를 골라 그에게 지휘를 맡기고 자신은 객석에서 휠체어에 앉아 연주를 들었습니다. 연주가 끝나자 사람들은 기립박수를 치며 환호했습니다. 그러나 젊은 지휘자는 환호를 받을 사람은 내가 아니라 하이든이라며 객석의 하이든을 가리켰습니다. 휠체어에 앉은 하이든이 무대에 오르자 사람들은 더욱 열광적으로 환호했습니다. 이때 하이든은 이렇게 말했습니다. "영광을 받으실 분은 내가 아니라 하나님입니다." 연주회에 참석한 사람들은 모두 하나님께 영광을 돌렸습니다.

적용 질문

1. 당신은 여성(혹은 남성)임을 핑계로 스스로 능력이나 역할을 제한한 적이 있습니까?

2. 가정이나 교회에서 남녀가 할 일을 구분 짓는 부분이 있다면 말해 보십시오. 그런 구분은 정당합니까?

메시지

하나님은 남자와 여자를 구별하지 않으십니다. 다만 누가 하나님의 뜻에 순종하는지, 큰 믿음을 가지고 있는지를 보실 뿐입니다. 드보라는 여자였지만 사사로서의 역할에 부족함이 없었던 사람이었습니다. 드보라가 사사로서 존경받는 이유는 단지 전쟁의 영웅일 뿐만 아니라 평시에도 백성들을 재판할 만한 능력과 지혜가 있었기 때문입니다. 드보라는 그야말로 문무를 겸비한 여인이었습니다.

드보라는 모든 일에 앞장을 설 만한 열심 있는 리더십을 가졌습니다. 군대의 장수를 뽑아 임명했지만 그 자신이 뒤로 빠지거나 머뭇거리지도 않았습니다. "나를 따르라!" 이것은 가야 할 길을 분명하게 알리는 지도자의 자기 선언입니다.

드보라는 확신 있는 리더십의 소유자이기도 했습니다. 하나님께서 주신 목표를 따라 흔들림 없이 달려가는 믿음이 그를 지배했습니다. 하나님에 대한 절대적인 믿음은 드보라를 신뢰하고 있었던 바락과 백성들에게도 영향을 끼쳤습니다. 바락은 그로 인해 자신의 나약함을 극복하고 전쟁에 임할 수 있었습니다.

당신에게도 이와 같은 확신이 있습니까? 무슨 일에든지 앞장설 만한 용기가 있습니까? 스스로 한계를 만들고 그 안에서 안주하면 발전도 성취도 없습니다. 하나님은 믿고 따르는 자에게 용기와 지혜, 그리고 능력을 주십니다. 당신을 에워싸고 있는 헛된 선입견들을 물리치십시오. 당신을 나약하게 만드는 굴레를 벗어 버리십시오. 그렇다면 승리와 성취도 이미 당신 것입니다.

한나
– 하나님과의 약속을 지킨 여인

찬송: 505장

본문: 사무엘상 1:21-28

21그 사람 엘가나와 그 온 집이 여호와께 매년제와 그 서원제를
드리러 올라갈 때에 22오직 한나는 올라가지 아니하고 그 남편에
게 이르되 아이를 젖떼거든 내가 그를 데리고 가서 여호와 앞에
뵈게 하고 거기 영영히 있게 하리이다 23그 남편 엘가나가 그에
게 이르되 그대의 소견에 선한 대로 하여 그를 젖떼기까지 기다
리라 오직 여호와께서 그 말씀대로 이루시기를 원하노라 이에
그 여자가 그 아들을 양육하며 그 젖떼기까지 기다리다가 24젖을
뗀 후에 그를 데리고 올라갈새 수소 셋과 가루 한 에바와 포도주
한 가죽 부대를 가지고 실로 여호와의 집에 나아갔는데 아이가
어리더라 25그들이 수소를 잡고 아이를 데리고 엘리에게 가서 26
한나가 가로되 나의 주여 당신의 사심으로 맹세하나이다 나는
여기서 나의 주 당신 곁에 서서 여호와께 기도하던 여자라 27이
아이를 위하여 내가 기도하였더니 여호와께서 나의 구하여 기도
한 바를 허락하신지라 28그러므로 나도 그를 여호와께 드리되 그
의 평생을 여호와께 드리나이다 하고 그 아이는 거기서 여호와
께 경배하니라

도입글

당신은 약속을 잘 지키십니까? 사실 약속을 잘 지키기란 쉽지 않은 일입니다. 화장실에 들어갈 때와 나올 때의 마음이 다르다고 하지 않습니까? 조변석개라는 말처럼 때에 따라 환경에 따라 쉽게 변하는 것이 인간의 마음이기 때문입니다. 그래서 야고보서 기자는 5:12에서 "내 형제들아 무엇보다도 맹세하지 말지니 하늘로나 땅으로나 아무 다른 것으로도 맹세하지 말고 오직 너희의 그렇다 하는 것은 그렇다 하고 아니라 하는 것은 아니라 하여 죄 정함을 면하라"고 가르치고 있습니다. 한나는 하나님과 약속을 했고, 이 약속을 잘 지켰던 여인입니다. 아들을 하나님께 바친다는 것이 쉽지 않은 약속이었지만 한나는 기꺼이 하나님과의 서원을 지켰습니다. 한나를 통해 하나님과의 약속을 되새기고 실천할 수 있는 신실함을 배우시기 바랍니다.

여는 질문

1. 당신은 하나님께 서원의 기도를 드린 적이 있습니까?

2. 지금까지 당신이 하나님께 드린 것들 중 가장 귀한 것은 무엇이었습니까?

본론

1. 한나는 무엇 때문에 슬퍼했습니까? 또 한나를 격동시킨 사람은 누구이며 이유는 무엇이었습니까?

사무엘상 1:2
2그에게 두 아내가 있으니 하나의 이름은 한나요 하나의 이름은 브닌나라 브닌나는 자식이 있고 한나는 무자(無子)하더라

사무엘상 1:4-7
4엘가나가 제사를 드리는 날에는 제물의 분깃을 그 아내 브닌나와 그 모든 자녀에게 주고
5한나에게는 갑절을 주니 이는 그를 사랑함이라 그러나 여호와께서 그로 성태치 못하게 하시니
6여호와께서 그로 성태치 못하게 하시므로 그 대적 브닌나가 그를 심히 격동하여 번민케 하더라
7매년에 한나가 여호와의 집에 올라갈 때마다 남편이 그같이 하매 브닌나가 그를 격동시키므로 그가 울고 먹지 아니하니

2. 한나는 슬퍼하며 하나님께 기도했습니다. 기도의 내용과 한나가 하나님께 드린 약속은 무엇이었습니까?

· 기도의 내용 :

· 한나의 약속 :

사무엘상 1:10-11

10한나가 마음이 괴로와서 여호와께 기도하고 통곡하며 11서원하여
가로되 만군의 여호와여 만일 주의 여종의 고통을 돌아보시고 나를 생각하시고 주의 여종을 잊지 아니하사 아들을 주시면 내가 그의 평생에 그를 여호와께 드리고 삭도를 그 머리에 대지 아니하겠나이다

3. 한나는 하나님과의 서원을 어떻게 지켰습니까? 또 하나님은 한나가 지킨 서원을 통하여 어떤 역사를 이루셨습니까?

사무엘상 1:26-28

26한나가 가로되 나의 주여 당신의 사심으로 맹세하나이다 나는 여
기서 나의 주 당신 곁에 서서 여호와께 기도하던 여자라 27이 아이
를 위하여 내가 기도하였더니 여호와께서 나의 구하여 기도한 바를
허락하신지라 28그러므로 나도 그를 여호와께 드리되 그의 평생을
여호와께 드리나이다 하고 그 아이는 거기서 여호와께 경배하니라

사무엘상 3:19-20

19사무엘이 자라매 여호와께서 그와 함께 계셔서 그 말로 하나도 땅
에 떨어지지 않게 하시니 20단에서부터 브엘세바까지의 온 이스라
엘이 사무엘은 여호와의 선지자로 세우심을 입은 줄을 알았더라

배우기

1. 엘가나에게는 두 아내가 있었는데 하나는 한나요, 다른 하나는 브닌나였습니다. 그러나 한나는 자신에게 자식이 없어 늘 슬퍼

했습니다. 더군다나 브닌나는 한나에게 자식이 없다는 이유로 한나의 마음을 아프게 했습니다. 남편 엘가나는 그런 한나를 가엾이 제물의 분깃을 더 주며 사랑했지만 한나는 그것으로 만족을 느낄 수 없었습니다. 남편의 호의로 인해 오히려 브닌나는 더욱 한나를 격동케 했습니다. 한나의 아픔은 남편의 사랑과 위로보다는 아들을 얻음으로써 치유될 수 있는 것이었습니다.

2. 한나는 슬퍼하며 하나님께 서원 기도를 합니다. 여호와께서 주의 여종을 잊지 않으시고 아들을 주시면 그 아들을 여호와께 바치겠다는 약속의 기도였습니다. 아들을 주시면 하나님께 돌려 드리겠다고 약속한 한나의 기도는 당시 한나의 마음이 얼마나 절박했는지를 잘 알려 줍니다.

해석을 위한 도움 글

나실인

나실인은 '바치다', '신성하게 여기다', '구별하다' 라는 의미의 히브리 동사 '나자르' 에서 유래했습니다. 나실인의 규례는 몸을 구별하여 하나님께 드림, 포도주와 독주를 금함, 삭도를 머리에 대지 않음, 시체를 가까이하지 않음, 이 네 가지입니다. 그러므로 나실인은 그의 평생을 온전히 하나님께 바친 사람이라는 의미를 가지고 있습니다.

3. 한나는 하나님과의 서원을 신실하게 지켰습니다. 한나는 기도로 얻은 아들 사무엘이 젖을 뗀 후에 그를 하나님께 바칩니다.

1) 한나는 아들을 바치며, 하나님께서 내 기도를 듣고 아들을 허락하셨으니 이제 나도 여호와께 아들을 드린다고 기도합니다. 젖을 뗀 아이를 떼어놓는 일이 어미로서 쉽지 않았지만, 하나님과의 약속을 지키기 위해 기꺼이 아들을 하나님께 드렸습니다. 하나님은 이러한 한나의 신실함을 인하여 그와 그 아들에게 큰 복을 주셨습니다.

2) 한나가 여호와의 집에 바친 아들 사무엘은 이후 가장 영향력 있는 영적 지도자로서 이스라엘을 치리합니다. 사무엘은 사사 시대를 마감하며 이스라엘의 왕조를 여는 기간 동안 이스라엘을 치리하며 초대 왕 사울과 이어 다윗에게 기름 부어 왕을 삼습니다.

엘리에게는 두 아들, 홉니와 비느하스가 있었습니다. 그리고 하나님께 바쳐진 사무엘도 그들과 함께 자랐습니다. 그러나 이들의 인생은 극과 극으로 달라집니다. 엘리의 두 아들 홉니와 비느하스는 결국 망나니로 자랍니다. 그러나 사무엘은 이스라엘의 위대한 영적 지도자로서 자라갑니다. 누구의 소유로 여겨 키웠느냐에 따라서 그 인생은 극과 극으로 달라졌습니다.

적용 질문

1. 당신은 지금까지 하나님과 사람과의 약속을 모두 지켰습니까?

2. 당신이 행한 믿음의 행위에 대해 하나님께서 복을 주신 경험이 있습니까?

메시지

한나는 자식이 없어 서러움을 당하던 평범한 여인이었습니다. 그러나 그가 드린 믿음의 기도를 통해 이스라엘을 향한 하나님의 섭리가 시작되었습니다. 한나는 비록 개인이 당하는 고통으로 말미암아 하나님께 서원 기도를 드렸지만 하나님은 이 기도를 한나뿐만 아니라 이스라엘을 살리는 계기로 삼으셨습니다.

우리는 한나의 서원 기도와 응답을 통해서 신실한 하나님의 응답과 역사를 볼 수 있습니다. 또한 한나의 서원 이행을 통해서 하나님을 향한 한 인간의 신실한 자세를 볼 수 있습니다. 이제 막 젖을 뗀 아들을 하나님께 바치는 일이 쉽지 않았지만 그렇게 드린 아들은 이스라엘을 치리하는 위대한 사사요 영적 지도자로 성장했습니다. 사무엘이 위대해질 수 있었던 것은 한나의 힘이 아닌 하나님의 힘으로 키운 하나님의 아들이었기 때문입니다. 당신은 당신의 힘보다 하나님의 힘을 더 의지합니까? 당신은 당신이 움켜쥐고 있는 것들이 하나님의 것임을 알고 있습니까? 당신은 당신의 품보다 하나님의 품이 훨씬 넓고 평안하다는 사실을 인정하고 있습니까? 하나님과의 약속을 기억하십시오. 하나님과의 약속은 내게 손해나 희생이 아니라 더 큰 복이라는 사실을 기억하십시오. 모든 약속에 신실하신 하나님을 따라 당신도 하나님께 신실하다면 당신은 복된 사람입니다.

5 아비가일
- 지혜로 범죄를 막은 여인

찬송 : 410장

본문 : 사무엘상 25:23-35

23아비가일이 다윗을 보고 급히 나귀에서 내려 다윗의 앞에 엎드
려 그 얼굴을 땅에 대니라 24그가 다윗의 발에 엎드려 가로되 내
주여 청컨대 이 죄악을 나 곧 내게로 돌리시고 여종으로 주의 귀
에 말하게 하시고 이 여종의 말을 들으소서 25원하옵나니 내 주
는 이 불량한 사람 나발을 개의치 마옵소서 그 이름이 그에게 적
당하니 그 이름이 나발이라 그는 미련한 자니이다 여종은 내 주
의 보내신 소년들을 보지 못하였나이다 26내 주여 여호와께서 사
시고 내 주도 살아계시거니와 내 주의 손으로 피를 흘려 친히 보
수하시는 일을 여호와께서 막으셨으니 내 주의 원수들과 내 주
를 해하려 하는 자들은 나발과 같이 되기를 원하나이다 27여종이
내 주에게 가져 온 이 예물로 내 주를 좇는 이 소년들에게 주게
하시고 28주의 여종의 허물을 사하여 주옵소서 여호와께서 반드
시 내 주를 위하여 든든한 집을 세우시리니 이는 내 주께서 여호
와의 싸움을 싸우심이요 내 주의 일생에 내 주에게서 악한 일을
찾을 수 없음이니이다 29사람이 일어나서 내 주를 쫓아 내 주의
생명을 찾을지라도 내 주의 생명은 내 주의 하나님 여호와와 함
께 생명싸개 속에 싸였을 것이요 내 주의 원수들의 생명은 물매
로 던지듯 여호와께서 그것을 던지시리이다 30여호와께서 내 주
에 대하여 하신 말씀대로 모든 선을 내 주에게 행하사 내 주를

이스라엘의 지도자로 세우신 때에 31내 주께서 무죄한 피를 흘리
셨다든지 내 주께서 친히 보수하셨다든지 함을 인하여 슬퍼하실
것도 없고 내 주의 마음에 걸리는 것도 없으시리니 다만 여호와
께서 내 주를 후대하신 때에 원컨대 내 주의 여종을 생각하소서
32다윗이 아비가일에게 이르되 오늘날 너를 보내어 나를 영접케
하신 이스라엘의 하나님 여호와를 찬송할지로다 33또 네 지혜를
칭찬할지며 또 네게 복이 있을지로다 오늘날 내가 피를 흘릴 것
과 친히 보수하는 것을 네가 막았느니라 34나를 막아 너를 해하
지 않게 하신 이스라엘의 하나님 여호와의 사심으로 맹세하노니
네가 급히 와서 나를 영접지 아니하였더면 밝는 아침에는 과연
나발에게 한 남자도 남겨두지 아니하였으리라 35다윗이 그가 가
져 온 것을 그의 손에서 받고 그에게 이르되 네 집으로 평안히
올라가라 내가 네 말을 듣고 네 청을 허락하노라

도입글

당신은 살아오면서 극심한 분노를 느껴 본 적이 있습니까? 그럴 때면 당신은 스스로의 마음을 어떻게 다스립니까? 사실 강렬한 분노는 자칫 이성을 마비시켜서 자기도 모르게 극단적인 행동을 하도록 만들기도 합니다. 그래서 옛말에 참을 인(忍)자 셋이면 살인도 면한다고 했습니다. 오늘 우리가 공부하려는 아비가일은 다윗이 극심한 살인의 충동에 사로잡혔을 때 지혜와 겸손한 언행으로 다윗의 범죄를 막은 여인입니다. 남편과 가문이 몰살당할 위기에 처하자 아비가일은 침착하고 지혜로운 언행으로 남편과 가문을 살리고 쓸데없는 범죄도 막았습니다. 충신은 나라가 어려울 때, 참 성도는 환난 날에, 어진 아내는 집안이 어려울 때 그 진가가 드러나는 법입니다. 아비가일을 통해 그의 지혜와 겸손한 모습을 배워 봅시다.

여는 질문

1. 당신은 뜻하지 않은 실수로 위험이나 곤란한 지경에 처한 적이 있습니까?

2. 당신은 위기가 닥쳤을 때 기지를 발휘해서 벗어난 적이 있습니까?

본론

1. 본문에는 나발과 그의 아내 아비가일이 대조되는 인물로 그려지고 있습니다. 두 사람의 성품은 어떠했습니까?

· 나발 :

· 아비가일 :

사무엘상 25:2-3
2마온에 한 사람이 있는데 그 업이 갈멜에 있고 심히 부하여 양이
삼천이요 염소가 일천이므로 그가 갈멜에서 그 양털을 깎고 있었으
니 3그 사람의 이름은 나발이요 그 아내의 이름은 아비가일이라 그
여자는 총명하고 용모가 아름다우나 남자는 완고하고 행사가 악하
며 그는 갈멜 족속이었더라

사무엘상 25:11

11내가 어찌 내 떡과 물과 내 양털 깎는 자를 위하여 잡은 고기를 가져 어디로서인지 알지도 못하는 자들에게 주겠느냐 한지라

2. 나발의 실수로 인해 다윗은 분노합니다. 다윗의 분노를 잠재운 아비가일의 지혜와 겸손한 언행을 살펴봅시다.

1) 뒤늦게 남편 나발의 실수를 전해들은 아비가일은 어떻게 합니까?

사무엘상 25:18-19

18아비가일이 급히 떡 이백 덩이와 포도주 두 가죽부대와 잡아 준비
한 양 다섯과 볶은 곡식 다섯 세아와 건포도 백 송이와 무화과뭉치
이백을 취하여 나귀들에게 싣고 19소년들에게 이르되 내 앞서 가라
나는 너희 뒤에 가리라 하고 그 남편 나발에게는 고하지 아니하니라

사무엘상 25:23

23아바가일이 다윗을 보고 급히 나귀에서 내려 다윗의 앞에 엎드려 그 얼굴을 땅에 대니라

2) 아비가일은 겸손한 언행으로 다윗을 감동시킵니다. 아비가일이 다윗에게 말한 내용은 무엇이었습니까?

사무엘상 25:26

26내 주여 여호와께서 사시고 내 주도 살아계시거니와 내 주의 손으로 피를 흘려 친히 보수하시는 일을 여호와께서 막으셨으니 내 주의 원수들과 내 주를 해하려 하는 자들은 나발과 같이 되기를 원하나이다

사무엘상 25:31

31내 주께서 무죄한 피를 흘리셨다든지 내 주께서 친히 보수하셨다든지 함을 인하여 슬퍼하실 것도 없고 내 주의 마음에 걸리는 것도 없으시리니 다만 여호와께서 내 주를 후대하신 때에 원컨대 내 주의 여종을 생각하소서

3. 다윗의 분노는 지혜롭고 겸손한 아비가일의 언행으로 인해 누그러집니다. 나발을 죽이려던 다윗은 오히려 아비가일을 칭찬합니다. 다윗이 아바가일을 칭찬한 내용은 무엇이었습니까?

사무엘상 25:32-33

32다윗이 아비가일에게 이르되 오늘날 너를 보내어 나를 영접케 하
신 이스라엘의 하나님 여호와를 찬송할지로다 33또 네 지혜를 칭찬
할지며 또 네게 복이 있을지로다 오늘날 내가 피를 흘릴 것과 친히
보수하는 것을 네가 막았느니라

사무엘상 25:39

39다윗이 나발의 죽었다 함을 듣고 가로되 나발에게 당한 나의 욕을 신설하사 종으로 악한 일을 하지 않게 하신 여호와를 찬송할지로다 여호와께서 나발의 악행을 그 머리에 돌리셨도다 하니라 다윗이 아비가일로 자기 아내를 삼으려고 보내어 그에게 말하게 하매

해석을 위한 도움 글

당시 이스라엘의 풍습

농경 문화에서 추수하는 날이 가장 큰 축제였던 것처럼, 유목민들에게 있어서 양털 깎는 날은 추수에 버금가는 큰 축제일이었습니다. 매년 첫 번째로 깎은 양털은 하나님께 바쳐졌으며, 양털 깎는 날에는 큰 잔치를 배설하여 이웃과 나그네들을 대접했습니다. 이처럼 후하고 넉넉한 잔치임을 아는 다윗은 나발에게 소년들을 보내 정중히 접대를 요청했지만 나발은 대접은커녕 다윗을 모욕하며 무시했습니다.

배우기

1. 나발은 그의 이름처럼 재물과 쾌락을 탐하는 사람이었습니다. 실제로 그는 많은 재산을 소유한 부자였고, 잔치를 즐기며 쾌락에 빠져 살았던 사람이었습니다. 그러면서도 남에게는 작은 것도 베풀지 않는 인색한 사람이기도 했습니다. 그 반면 나발의 아내인 아비가일은 총명하고 용모가 아름다운 여인이었다고 성경은 전합니다. 바보 남편과 지혜로운 아내, 두 사람의 이렇게 전혀 다른 성품은 다윗을 만나면서부터 사뭇 다른 인생의 결과를 가져옵니다.

   다윗이 당시 풍습을 따라 양털 깎는 날 잔치를 베풀었던 나발에게 도움을 받고자 했습니다. 그러나 나발은 다윗의 요청을 거절했을 뿐만 아니라 다윗을 심하게 모욕했습니다. 다윗은 이에 격분해서 나발과 그 가문을 멸절시키려고 작정합니다.

2. 나발의 실수로 인해 다윗은 분노했습니다. 나발의 가문을 치기 위해 길을 가던 다윗 앞에 나발의 아내 아비가일이 나타나 그의 분노를 잠재웁니다.

1) 아비가일은 남편인 나발의 실수를 전해 듣고는 사태를 수습하기 위해, 다윗이 원했던 것처럼 다윗과 그의 부하들을 위한 음식을 후하게 준비해서 다윗에게 먼저 보냈습니다. 아비가일은 이런 준비를 하면서도 남편에게 알리지 않았습니다. 나발의 집에서 일하던 소년이 말했던 것처럼 나발은 불량한 사람으로 더불어 말할 수 없는 사람이었기 때문입니다.
또한 다윗을 만나자 아비가일은 최대한 몸을 낮추어 겸손하게 다윗을 대합니다. 얼굴을 땅에 대고 인사를 했다는 것은 복종을 나타냅니다. 비록 자기의 잘못은 아니었지만 아비가일은 남편과 가문을 살리기 위해 모든 것을 버리고 겸손히 땅에 엎드렸습니다.

2) 아비가일은 다윗을 '주'라고 부르며 높였습니다. 아비가일의 이런 행동은 단지 아부하기 위함이 아니라 다윗을 세우신 이가 여호와 하나님이라는 사실을 알고 있었기 때문입니다. 그래서 다윗의 손에 피를 묻히지 말라고 간구합니다. 또한 훗날 다윗에게 자신을 기억해 달라는 부탁도 잊지 않았습니다.

3. 다윗은 지혜롭고 겸손한 아비가일을 만남으로 분노를 누그러뜨립니다. 나발과 그의 가문을 치려던 다윗은 오히려 아비가일을 칭찬합니다. 아비가일의 지혜는 다윗에게 자신의 속마음

과 분노하는 마음을 돌아보게 했습니다. 그래서 자신이 친히 보수하려던 것을 막아 준 아비가일에게 감사합니다.
아비가일의 말처럼 나발은 하나님이 치심으로 인해 열흘 후에 죽었습니다. 이 소식을 들은 다윗은 아비가일의 부탁처럼 아비가일을 기억했고, 자신의 아내로 삼았습니다.

적용 질문

1. 당신은 누군가 다른 사람의 실수나 잘못에 대해 대신 용서를 구해 본 경험이 있습니까?

2. 당신은 다른 사람들이 죄를 지으려고 한다는 것을 알았을 때 어떻게 막겠습니까?

메시지

분노는 사람의 눈을 멀게 하고 귀를 막습니다. 뿐만 아니라 사람의 성품을 거칠게 합니다. 그러나 지혜롭고 겸손한 언행은 사리를 분별하게 하여 선과 악을 구별하게 합니다. 그리고 사람이 할 일과 하나님이 하실 일을 가리게 합니다. 나발은 돈과 쾌락에 눈이 멀어 다윗을 격분케 했습니다. 결국엔 두려움에 몸이 돌처럼 굳었다가 하나님이 치심으로 죽었습니다. 다윗도 분노에 떨며 살인을 결심했습니다. 그러나 지혜롭고 겸손한 여인, 아비가일을 만남으로 죄악의 길에서 돌아섭니다. 겸손은 분노를 누그러뜨리고, 지혜는 범죄의 길에서 돌이키게 합니다.

나발은 미련한 말과 행동으로 가문을 위험에 빠뜨렸습니다. 그러나 아비가일은 지혜롭고 겸손한 언행으로 인해 가문을 구하고, 주의 종이었던 다윗의 범죄를 막았습니다. 여러분은 나발입니까, 아니면 아비가일입니까? 하나님은 거친 언사, 미련한 언행, 사리 판단을 가로막는 분노를 원하지 않습니다. 하나님은 지혜와 겸손한 마음을 기뻐하십니다. 그래서 하나님은 아비가일을 통해 당신의 뜻과 역사를 이루셨습니다. 여러분에게도 하나님의 마음에 합한 지혜와 겸손이 늘 함께하기를 바랍니다.

6

에스더
– 민족을 사랑한 왕후

찬송 : 521장
본문 : 에스더 4:15-17

15에스더가 명하여 모르드개에게 회답하되 16당신은 가서 수산
에 있는 유다인을 다 모으고 나를 위하여 금식하되 밤낮 삼 일을
먹지도 말고 마시지도 마소서 나도 나의 시녀로 더불어 이렇게
금식한 후에 규례를 어기고 왕에게 나아가리니 죽으면 죽으리이
다 17모르드개가 가서 에스더의 명한 대로 다 행하니라

도입글

2002년 월드컵의 그 뜨거웠던 열기를 기억하십니까? 누구랄 것도 없이 대한민국을 외치며 박수를 쳤던 기억이 생생합니다. 태극기가 옷이 되고 머리띠가 되고 패션이 되었습니다. 축구가 가진 매력, 승부가 주는 박진감도 한몫을 했겠지만 나라와 민족에 대한 사랑도 그 근간이 되었을 것입니다. 적어도 월드컵 기간만큼은 누구나 애국자가 되었습니다. 거슬러 올라가 보면, 외세의 침략에 순국의 각오로 대항했던 것도, 일제 시대의 치열했던 항일 운동도 민족을 사랑하는 마음 없이는 상상할 수 없는 일이었습니다. 이스라엘이 바사의 포로가 되었을 때, 그리고 이스라엘이 현실에 매여 하나님에 대한 신앙조차 잃어버렸을 때, 하나님은

에스더를 통해 민족을 구하셨습니다. 지혜로, 믿음으로, 열정으로 민족을 구했던 에스더를 통해 민족을 사랑하는 마음을 배워 봅시다.

여는 질문

1. 당신은 나라와 민족을 위해서 기도합니까?

2. 당신이 나라와 민족을 위해 구체적으로 하는 일이 있다면 말해 보십시오.

본론

1. 에스더는 어떤 사람이며 그의 성품은 어떠했습니까?

에스더 2:15
15모르드개의 삼촌 아비하일의 딸 곧 모르드개가 자기의 딸같이 양
육하는 에스더가 차례대로 왕에게 나아갈 때에 궁녀를 주관하는 내
시 헤개의 정한 것 외에는 다른 것을 구하지 아니하였으나 모든 보
는 자에게 굄을 얻더라

에스더 2:20

[20]에스더가 모르드개의 명한 대로 그 종족과 민족을 고하지 아니하
니 저가 모르드개의 명을 양육받을 때와 같이 좇음이더라

2. 에스더를 향한 모르드개의 충고는 무엇이었습니까? 또 에스더는 어떤 결심을 했습니까?

· 모르드개의 충고 :

· 에스더의 결심 :

에스더 4:13-14

[13]모르드개가 그를 시켜 에스더에게 회답하되 너는 왕궁에 있으니
모든 유다인 중에 홀로 면하리라 생각지 말라 [14]이 때에 네가 만일
잠잠하여 말이 없으면 유다인은 다른 데로 말미암아 놓임과 구원을
얻으려니와 너와 네 아비 집은 멸망하리라 네가 왕후의 위를 얻은
것이 이 때를 위함이 아닌지 누가 아느냐

에스더 4:16

[16]당신은 가서 수산에 있는 유다인을 다 모으고 나를 위하여 금식하
되 밤낮 삼 일을 먹지도 말고 마시지도 마소서 나도 나의 시녀로 더
불어 이렇게 금식한 후에 규례를 어기고 왕에게 나아가리니 죽으면
죽으리이다

3. 에스더는 하만으로부터 민족을 구하기 위해 어떤 지략으로 맞섭니까?

에스더 7:3-6
3왕후 에스더가 대답하여 가로되 왕이여 내가 만일 왕의 목전에서
은혜를 입었으며 왕이 선히 여기시거든 내 소청대로 내 생명을 내
게 주시고 내 요구대로 내 민족을 내게 주소서 4나와 내 민족이 팔
려서 죽임과 도륙함과 진멸함을 당하게 되었나이다 만일 우리가 노
비로 팔렸더면 내가 잠잠하였으리이다 그래도 대적이 왕의 손해를
보충하지 못하였으리이다 5아하수에로 왕이 왕후 에스더에게 일러
가로되 감히 이런 일을 심중에 품은 자가 누구며 그가 어디 있느뇨
6에스더가 가로되 대적과 원수는 이 악한 하만이니이다 하니 하만
이 왕과 왕후 앞에서 두려워하거늘

에스더 8:3-5
3에스더가 다시 왕의 앞에서 말씀하며 왕의 발 아래 엎드려 아각 사
람 하만이 유다인을 해하려 한 악한 꾀를 제하기를 울며 구하니 4왕
이 에스더를 향하여 금홀을 내어미는지라 에스더가 일어나 왕의 앞
에 서서 5가로되 왕이 만일 즐겨하시며 내가 왕의 목전에 은혜를 입
었고 또 왕이 이 일을 선히 여기시며 나를 기쁘게 보실진대 조서를
내리사 아각 사람 함므다다의 아들 하만이 왕의 각 도에 있는 유다
인을 멸하려고 꾀하고 쓴 조서를 취소하소서

해석을 위한 도움 글

시대적 배경

에스더는 바사 왕 아하수에로의 왕후였습니다. 바사 제국은 아하수에로 왕 시대에 경제적, 정치적으로 번영을 누리고 있었습니다. 그래서 이스라엘 포로들은 고국으로 돌아가기를 바라기보다는 신앙도 상실한 채 매일의 삶 속에서 안일만을 추구하며 살아가고 있었습니다. 하만의 모략에 의해 민족이 말살될 위기에 처하게 되었지만, 왕후로 있던 에스더의 활약으로 이 위기를 모면하면서 이스라엘 백성들은 신앙을 되찾게 되었습니다. 에스더는 이스라엘을 멸절의 위기로부터, 또한 신앙의 위기로부터 구한 하나님 마음에 합한 여인이었습니다.

배우기

1. 에스더는 모르드개가 딸처럼 키웠던 사람이었습니다. 후에 에스더가 왕후라는 높은 지위에 올랐지만 에스더는 여전히 겸손하게 모르드개에게 순종했습니다. 에스더에게는 높은 지위, 안정된 생활이 보장되어 있었습니다. 비록 유대인을 몰살시키려는 하만의 간교한 계략이 있었지만 에스더에게는 그런 위협이 문제되지 않았습니다. 그러나 에스더는 자기를 키워 준 모르드개의 은혜를 잊지 않았습니다.

2. 에스더에게는 끊임없이 하나님에 대한 신앙을 가르친 모르드개가 곁에 있었습니다. 어릴 때부터 에스더를 양육한 모르드개는 에스더가 왕후가 된 후에도 유대인들을 위한 일에 열심이었습니다. 모르드개의 충고는 에스더에게 도전이 되었습니다. 에스더는 모르드개의 충고를 통해 자신의 정체성과 하나님에 대한 신앙, 그리고 유대인들에 대한 사랑을 잊지 않았습니다.

마침내 에스더는 모르드개의 충고를 따라 결단합니다. 그래서 모르드개에게 유대인들을 다 모아 나를 위해 사흘을 금식하라는 회답을 합니다. 에스더의 결단은 철저하게 하나님을 의지하는 결단이었습니다.

에스더가 비록 왕후였다고 하지만 수많은 후궁들이 있는 처지에서 허락 없이 왕 앞에 나선다는 것은 몹시 위험한 일이었습니다. 당시에는 왕이 부르지 않았는데 함부로 왕에게 나아가면 사형에 처하는 법률이 있었기 때문입니다. 더군다나 왕은 왕후였던 에스더를 찾지 않은 지 이미 삼십 일이 넘었습니다. 그럼에도 불구하고 에스더는 이렇게 말합니다. "죽으면 죽으리이다."

생각해 보는 이야기

만일 우리가 고귀하고 성스러운 목적을 결정하고 결단한다면, 우리는 어떤 상황과 어떤 순간에서도 그것을 이룰 방법을 발견할 수 있을 것이다. 심지어는 장애물과 저항까지도 우리를 세찬 바람 속에서 가장 빠르게 항해하는 배처럼 만들어 줄 것이다. – T. 에드워즈

한 사람의 신앙인은 이해 관계로 모인 99명보다 강하다. – 존 스튜어트 밀

당신의 뜻대로, 당신의 뜻하시는 바를, 당신이 뜻하시는 때에 이루소서. – 토마스 아 켐피스

3. 에스더는 민족을 위해 목숨을 건 결단을 했지만 그렇다고 성급하게 행동하지 않았습니다. 왕과 하만을 두 번이나 잔치에 초청하며 때를 기다리는 치밀함을 보여 주고 있습니다. 그리고 드디어 왕 앞에서 그동안 숨겨왔던 비밀, 곧 자기가 유대인임을 밝힙니다. 이미 하만에 의해 유대인을 전멸시키려는 왕의 칙령이 있던 상태에서 스스로 유대인임을 밝힌다는 것은 목숨을 건 일이었습니다. 그러나 에스더는 왕에게 자기 생명과 민족의 생존을 호소했습니다. 사랑하는 왕후의 절박한 호소를 들은 왕은 모략을 꾸민 자가 누구인지 물었고 에스더는 왕과 하만의 면전에서 하만을 지목했습니다. 목숨을 걸지 않으면, 게다가 지혜가 없었다면 도리어 위험에 처할 수 있는 상황이었

지만 왕은 이미 에스더의 편에 서 있었습니다.

이어 에스더는 하만의 책략을 왕에게 고했고, 왕의 명령에 의해 하만은 사형에 처해집니다. 그리고 유대인을 멸절시키려던 하만의 조서도 무효로 돌아갑니다. 에스더의 민족을 사랑하는 마음과 지혜, 그리고 용기 있는 결단이 승리를 거두는 순간이었습니다.

적용 질문

1. 당신은 지금까지 하나님과 사람들로부터 받은 은혜를 소홀히 여기지는 않았습니까?

2. 지금 우리나라와 민족에게 닥친 가장 큰 위기는 무엇이라고 생각합니까? 또 우리가 나라와 민족을 위해 구체적으로 기도해야 할 것들은 무엇입니까?

메시지

바쁘고 고단한 일상생활 속에서 나라와 민족을 생각하는 일은 쉽지는 않습니다. 자질구레한 일들, 당장의 필요, 나와 내 가족의 안위가 우선순위의 앞자리를 차지하는 것은 당연합니다. 그러나 우리의 역사를 보면 민족의 위기가 닥쳤을 때 민초들은 일상생활을 접어두고 너나 할 것 없이 일어섰습니다.

이스라엘 민족의 위기는 곧 신앙의 위기이기도 했습니다. 이스라엘이 바사의 포로가 되었을 때 그들은 민족 말살의 위기와 더불어 하나님 신앙의 위기도 함께 겪어야 했습니다. 이 때 에스더는 하나님 신앙에 투철하고 이스라엘의 위기를 꿰뚫어 보았던 모르드개의 도움으로 민족을 구한 여인이 되었습니다. 모르드개의 도움이 있었다고 하지만 결단은 순전히 에스더의 몫이었습니다. 유대인이라는 사실을 감추고 바사의 왕후로 편안하게 살 수도 있었지만 에스더는 그렇게 하지 않았습니다. 높은 지위와 보장된 안위, 심지어 생명까지 버리는 결단과 각오가 없었다면 이스라엘은 멸망했을지도 모릅니다. 그러나 죽으면 죽으리라는 에스더의 결심은 민족을 구하고 하나님 신앙을 되찾는 열쇠가 되었습니다.

당신은 민족을 위해 기도하십니까? 나라와 민족을 위해 무엇을 하십니까? 나라와 민족을 위해 일한다는 것이 항상 거창한 것만은 아닙니다. 우리나라를 하나님의 보호와 인도를 받는 나라, 하나님의 공의가 강물처럼 흐르는 나라로 만들기 위한 일에 헌신할 수 있기를 바랍니다. 결단은 당신의 몫이요 당신의 결단을 이루시는 분은 하나님이십니다.

7 마리아
– 순종과 순명의 여인

찬송 : 511장
본문 : 누가복음 1:26-38

26여섯째 달에 천사 가브리엘이 하나님의 보내심을 받들어 갈릴
리 나사렛이란 동네에 가서 27다윗의 자손 요셉이라 하는 사람과
정혼한 처녀에게 이르니 그 처녀의 이름은 마리아라 28그에게 들
어가 가로되 은혜를 받은 자여 평안할지어다 주께서 너와 함께
하시도다 하니 29처녀가 그 말을 듣고 놀라 이런 인사가 어찌함
인고 생각하매 30천사가 일러 가로되 마리아여 무서워 말라 네가
하나님께 은혜를 얻었느니라 31보라 네가 수태하여 아들을 낳으
리니 그 이름을 예수라 하라 32저가 큰 자가 되고 지극히 높으신
이의 아들이라 일컬을 것이요 주 하나님께서 그 조상 다윗의 위
를 저에게 주시리니 33영원히 야곱의 집에 왕노릇하실 것이며 그
나라가 무궁하리라 34마리아가 천사에게 말하되 나는 사내를 알
지 못하니 어찌 이 일이 있으리이까 35천사가 대답하여 가로되
성령이 네게 임하시고 지극히 높으신 이의 능력이 너를 덮으시
리니 이러므로 나실 바 거룩한 자는 하나님의 아들이라 일컬으
리라 36보라 네 친족 엘리사벳도 늙어서 아들을 배었느니라 본래
수태하지 못한다 하던 이가 이미 여섯 달이 되었나니 37대저 하
나님의 모든 말씀은 능치 못하심이 없느니라 38마리아가 가로되
주의 계집 종이오니 말씀대로 내게 이루어지이다 하매 천사가
떠나가니라

도입글

로마의 성베드로 성당의 입구에는 미켈란젤로의 '피에타' 라는 유명한 조각상이 있습니다. 이탈리아어로 '자비를 베푸소서' 라는 뜻의 이 조각상은 마리아가 죽은 예수를 안고 있는 모습을 표현하고 있습니다. 하나님의 아들이었지만 육신의 아들이기도 했던 예수의 죽음을 슬퍼하는 마리아의 표정이 무척 인상적인 작품입니다. 하나님의 구속사를 위해 예수는 십자가에서 죽어야만 했고, 육신의 어머니 마리아는 그런 구속사의 섭리를 큰 슬픔과 함께 묵묵히 받아들입니다.

여는 질문

1. 사랑하는 사람을 잃어 본 경험이 있습니까?

2. 원하지 않지만 주님의 명령에 순종해 본 적이 있습니까? 그 결과는 어떠했습니까?

본론

1. 마리아는 처녀의 몸으로 아들을 낳으리라는 천사의 수태고지를 겸손한 마음으로 받아들입니다. 예수를 낳기까지 마리아의 모습을 함께 살펴봅시다.

1) 마리아는 천사의 수태고지를 받았을 때 어떻게 했습니까?

누가복음 1:38
38마리아가 가로되 주의 계집 종이오니 말씀대로 내게 이루어지이
다 하매 천사가 떠나가니라

2) 마리아의 찬가 중 일부입니다. 마리아가 주를 찬양하는 이유를 말해 보십시오.

누가복음 1:46-48
46마리아가 가로되 내 영혼이 주를 찬양하며 47내 마음이 하나님 내
구주를 기뻐하였음은 48그 계집종의 비천함을 돌아보셨음이라 보라
이제 후로는 만세에 나를 복이 있다 일컬으리로다

2. 다음은 예수님의 생애에서 일어난 몇몇 사건들입니다. 마리아가 느꼈을 심정을 말해 보십시오.

누가복음 2:7
[7]맏아들을 낳아 강보로 싸서 구유에 뉘었으니 이는 사관에 있을 곳
이 없음이러라"

누가복음 2:48-51
[48]그 부모가 보고 놀라며 그 모친은 가로되 아이야 어찌하여 우리에
게 이렇게 하였느냐 보라 네 아버지와 내가 근심하여 너를 찾았노
라 [49]예수께서 가라사대 어찌하여 나를 찾으셨나이까 내가 내 아버
지 집에 있어야 될 줄을 알지 못하셨나이까 하시니 [50]양친이 그 하
신 말씀을 깨닫지 못하더라 [51]예수께서 한가지로 내려가사 나사렛
에 이르러 순종하여 받드시더라 그 모친은 이 모든 말을 마음에 두
니라

마가복음 3:31-35
[31]때에 예수의 모친과 동생들이 와서 밖에 서서 사람을 보내어 예수
를 부르니 [32]무리가 예수를 둘러 앉았다가 여짜오되 보소서 당신의
모친과 동생들과 누이들이 밖에서 찾나이다 [33]대답하시되 누가 내
모친이며 동생들이냐 하시고 [34]둘러앉은 자들을 둘러보시며 가라사
대 내 모친과 내 동생들을 보라 [35]누구든지 하나님의 뜻대로 하는
자는 내 형제요 자매요 모친이니라

3. 다음의 구절을 읽고 아들 예수의 예언과 성취, 탄생과 죽음을 지켜봐야 했던 마리아의 심정을 말해 보십시오.

누가복음 2:34-35
[34]시므온이 저희에게 축복하고 그 모친 마리아에게 일러 가로되 보
라 이 아이는 이스라엘 중 많은 사람의 패하고 흥함을 위하여 비방

을 받는 표적되기 위하여 세움을 입었고 [35]또 칼이 네 마음을 찌르
듯 하리라 이는 여러 사람의 마음의 생각을 드러내려 함이니라 하
더라

요한복음 19:25-27
[25]예수의 십자가 곁에는 그 모친과 이모와 글로바의 아내 마리아와
막달라 마리아가 섰는지라 [26]예수께서 그 모친과 사랑하시는 제자
가 곁에 섰는 것을 보시고 그 모친께 말씀하시되 여자여 보소서 아
들이니이다 하시고 [27]또 그 제자에게 이르시되 보라 네 어머니라 하
신대 그 때부터 그 제자가 자기 집에 모시니라

생각해 보는 이야기

스트레스 지수

사람이 살아가면서 받는 스트레스를 0부터 100까지의 지수로 나타낸 것이 있습니다. 예를 들면 전학이나 이사를 가게 되면 20, 실직을 하게 되면 47 등의 숫자로 스트레스를 나타내는 방법입니다. 이 중 가장 큰 스트레스를 주는 일은 배우자의 사망으로 그 지수가 100입니다. 그런데 이런 지수는 서양인들을 기준으로 만든 것이어서 그들과 정서가 다른 우리나라 사람들과는 차이가 있다고 합니다. 즉 가장 큰 스트레스인 100의 지수를 갖는 사건이 서양에서는 배우자의 사망인데 반해 우리나라에서는 자녀의 죽음으로 나타났다고 합니다. 배우자보다는 자녀를 더 사랑하고 아끼는 우리의 정서가 반영된 것입니다.

배우기

1. 마리아는 목수 요셉과 정혼한 상태에서 처녀의 몸으로 아들을 낳으리라는 천사의 수태고지를 받았습니다. 처녀의 입장, 더군다나 정혼을 앞둔 상황에서 수태고지를 받는다는 것이 힘든 일이기는 했지만, 마리아는 겸손한 마음으로 수태고지를 받아들였습니다.

   1) 마리아는 천사의 수태고지를 받았을 때 놀랐습니다. 그러나 그것이 하나님의 뜻임을 알자 겸손한 마음으로 순종했습니다. 마리아는 스스로를 주의 계집종이라고 고백하며 하나님의 말씀대로 이루어지기를 간구합니다. 마리아는 하나님께 은혜를 입은 여인이었습니다.

   2) 마리아는 엘리사벳을 만나 하나님을 찬양했습니다. 누가복음 1:46-55은 마리아가 부른 찬가입니다. 이 찬가에는 마리아의 순종과 겸손, 기쁨과 소망이 잘 나타나 있습니다. 마리아는 이 찬가를 통해 스스로를 비천한 계집종이라고 고백하는 겸손과 만세에 나를 복이 있다 일컬으리라는 기쁨, 그리고 예언의 말씀들이 이루어지기를 바라는 소망을 노래하고 있습니다.

2. 마리아는 비록 어렵지만 하나님의 뜻에 순종했습니다. 예수님이 성장하는 과정과 또 공생애 활동에서 마리아는 예수가 하나님의 아들임을 늘 마음에 담고 있었습니다. 하나님의 아들 예수를 바라보며 마리아는 육신의 어머니로서 희생과 고통을 감수했습니다.

1) 하나님의 아들을 낳았지만 그 모습은 너무나 초라하기만 했습니다. 여행 중 맏아들을 낳아 방도 아닌 마굿간의 말구유에 뉘었을 때 어머니의 마음은 아기에 대한 미안한 마음으로 가득 찼을 것입니다.

2) 유월절 전례를 따라 예루살렘에 갔다가 요셉과 마리아는 예수를 잃어버렸습니다. 걱정하는 부모에게 예수는 내 아버지 집에 있어야 할 줄을 몰랐느냐고 되묻습니다. 비록 요셉은 깨닫지 못했지만 모친인 마리아는 그 말을 마음에 두었다고 했습니다. 아마도 마리아는 그 말 속에서 다시 한번 예수가 하나님의 아들이라는 사실을 되새겼을 것입니다.

3) 공생애 활동으로 바쁜 나날을 보내던 아들 예수를 마리아와 누이들이 찾았습니다. 그러나 어렵사리 찾은 아들 예수는 전혀 뜻밖의 반응을 보입니다. "누구든지 하나님의 뜻대로 하는 자는 내 형제요 자매요 모친이니라"(눅 3:35). 예수로서는 너무나 당연한 말씀이었지만 마리아와 그 누이들에게는 매몰차기 그지없는 말씀이었습니다. 하나님의 뜻, 인류 구원의 구속사의 현장에서 마리아는 육신의 인연과 사랑을 거두는 순명의 모습을 보여 줍니다.

3. 시므온의 예언처럼 칼이 마음을 찌르는 고통이 마리아에게 닥쳤습니다. 순명의 마음으로 지켜보아야만 했던 아들이었지만 막상 예수가 십자가에서 죽을 때 마리아의 고통은 말할 수 없이 큰 것이었습니다. 십자가에서 죽어가는 예수는 마리아에게 자신이 아들임을 고백하며 그 사랑하는 제자에게 어머니 마리

아를 맡깁니다. 참척의 고통을 느꼈지만 마리아는 모든 것을 희생하고 고통까지 받아들입니다.

적용 질문

1. 하나님의 뜻에 순종한다는 것은 내 삶에 있어서 구체적으로 어떤 것입니까?

2. 당신은 어디까지 하나님의 뜻을 받아들일 수 있습니까?

메시지

마리아의 삶은 순종과 그 순종으로 인한 자기희생으로 점철된 삶이었습니다. 수태고지를 받을 때부터 아들 예수가 십자가에서 죽는 순간까지 마리아는 모든 것을 받아들이는 순종의 여인이었습니다. 그러나 그 순종의 뒤에는 모든 것을 잃는 아픔이 있었습니다. 마리아는 순종과 겸손으로 하나님의 마음에 합한 여인이 되었습니다.

하나님의 뜻을 이루기 위해 우리 역시 때로는 엄청난 고통과 시련을 당할 수 있습니다. 하나님의 손에 붙잡혀 쓰임받는다는 것은 영광이 아닌 고통과 시련의 모습으로 나타날 수도 있습니다. 인류를 구원하기 위한 하나님의 뜻을 이루기 위해 예수는 십자가의 고통을 감내해야만 했습니다. 마리아는 고통 당하는 예수를 보며 칼로 마음을 찌르는 듯한 고통을 함께 겪어야만 했습니다. 당신은 겟세마네 동산에서 "나의 원대로 마옵시고 아버지의 원대로 하옵소서" 라고 기도했던 예수님처럼 기도할 수 있습니까? 또 당신은 마리아처럼 칼이 마음을 찌르는 고통을 감내하면서 하나님의 뜻에 순종할 수 있습니까? 이 질문 앞에서 도전받고 믿음을 더욱 굳게 세울 수 있기를 바랍니다.

8

사마리아 여인
– 이방에 처음으로 복음을 전한 여인

찬송 : 257장
본문 : 요한복음 4:25-30

25여자가 가로되 메시야 곧 그리스도라 하는 이가 오실 줄을 내
가 아노니 그가 오시면 모든 것을 우리에게 고하시리이다 26예수
께서 이르시되 네게 말하는 내가 그로라 하시니라 27이 때에 제
자들이 돌아와서 예수께서 여자와 말씀하시는 것을 이상히 여겼
으나 무엇을 구하시나이까 어찌하여 저와 말씀하시나이까 묻는
이가 없더라 28여자가 물동이를 버려두고 동네에 들어가서 사람
들에게 이르되 29나의 행한 모든 일을 내게 말한 사람을 와 보라
이는 그리스도가 아니냐 하니 30저희가 동네에서 나와 예수께로
오더라

도입글

요즘 한 텔레비전에서는 우리나라에서 일하고 있는 외국인 노동자들의 생활상을 보여주는 프로그램을 매주 방영하고 있습니다. 프로그램에 등장하는 외국인 노동자들이 공통적으로 호소하는 어려움은 단지 경제적인 부분에 국한되어 있지 않습니다. 물론 외국인 노동자들이 우리나라에 입국한 가장 주요한 원인은 경제적인 데 있습니다. 그러나 그들은 인간으로서 정당한 대접을 받

지 못하는 서러움과 피부색이나 생김새만으로도 멸시하는 시선이 참 견디기 어렵다고 말합니다. 그들과 우리 사이에 닫혀진 빗장을 풀 수 있는 방법은 없는 것일까요? 오늘 말씀을 통해 모두가 함께 살아가는 방법, 또 함께 하나님 나라를 위해 일하는 방법을 생각해 봅시다.

여는 질문

1. 당신은 특정한 어떤 부류의 사람들에게 좋지 않은 감정을 가져 본 적이 있습니까?

2. 당신이 다른 사람들을 평가하는 기준은 무엇입니까?

본론

1. 당시 사마리아 사람들은 유대인들로부터 어떤 대접을 받았습니까? 또 사마리아 여인은 어떤 사람이었습니까?

요한복음 4:9

9사마리아 여자가 가로되 당신은 유대인으로서 어찌하여 사마리아 여자 나에게 물을 달라 하나이까 하니 이는 유대인이 사마리아인과 상종치 아니함이러라

요한복음 4:17-18
17여자가 대답하여 가로되 나는 남편이 없나이다 예수께서 가라사
대 네가 남편이 없다 하는 말이 옳도다 18네가 남편 다섯이 있었으
나 지금 있는 자는 네 남편이 아니니 네 말이 참되도다"

2. 예수님은 사마리아 여인에게 다가가 대화를 나눕니다. 대화는 어떻게 진행이 되며 그 주제는 무엇입니까?

요한복음 4:7
7사마리아 여자 하나가 물을 길러 왔으매 예수께서 물을 좀 달라 하
시니

요한복음 4:14
14내가 주는 물을 먹는 자는 영원히 목마르지 아니하리니 나의 주는
물은 그 속에서 영생하도록 솟아나는 샘물이 되리라

요한복음 4:20
20우리 조상들은 이 산에서 예배하였는데 당신들의 말은 예배할 곳
이 예루살렘에 있다 하더이다

요한복음 4:23
23아버지께 참으로 예배하는 자들은 신령과 진정으로 예배할 때가
오나니 곧 이때라 아버지께서는 이렇게 자기에게 예배하는 자들을
찾으시느니라

3. 예수님과의 만남을 통해 사마리아 여인은 변화되었습니다. 다음의 구절들을 읽고 변화된 사마리아 여인의 모습을 말해 보십시오.

요한복음 4:28-30
28여자가 물동이를 버려두고 동네에 들어가서 사람들에게 이르되 29
나의 행한 모든 일을 내게 말한 사람을 와 보라 이는 그리스도가 아
니냐 하니 30저희가 동네에서 나와 예수께로 오더라

요한복음 4:40-42
40사마리아인들이 예수께 와서 자기들과 함께 유하기를 청하니 거
기서 이틀을 유하시매 41예수의 말씀을 인하여 믿는 자가 더욱 많아
42그 여자에게 말하되 이제 우리가 믿는 것은 네 말을 인함이 아니
니 이는 우리가 친히 듣고 그가 참으로 세상의 구주신 줄 앎이니라
하였더라

배우기

1. 사마리아 여인

1) 사마리아 여인은 유대인에게 피해 의식을 가졌던 사람입니다. 유대인들은 사마리아인들을 가리켜 '돌감람나무' 라고 부르며 멸시했습니다. 그래서 예수님께서 사마리아 여인에게 다가와 물을 달라고 했을 때 이 여인은 놀랐습니다. 당시 관습으로 유대인 남자가 사마리아 여자에게 말을 걸면서 물

을 청한다는 것은 이해할 수 없는 일이었기 때문입니다. 그러나 예수님께서는 그러한 관습에 개의치 않으시고 이방 여인에게 다가가셨습니다. 예수님은 지친 여행길의 목마름보다는 유대인들에 의해 배척당하고 있었던 여인을 보며 더 큰 영적 갈증을 느끼셨습니다. 예수님은 관습의 시각이 아닌 하나님의 마음으로 한 인간을 바라보셨습니다.

2) 사마리아 여인은 남편을 다섯이나 가졌던 여인입니다. 그럼에도 불구하고 그녀는 남편들로부터 어떤 만족이나 안정을 느끼지 못했습니다. 그래서 예수님께서 남편을 불러오라고 말씀하셨을 때 남편이 없다고 거짓말을 했습니다.

사마리아 여인은 가정적으로도, 사회적으로도 버림받은 사람이었습니다. 그러나 예수님은 고독과 소외에 빠져 있던 이 여인을 긍휼히 여기시고 용납해 주셨습니다.

2. 예수님은 사마리아 여인과 대화를 나누며 새로운 생명의 소식을 전해 주셨습니다.

예수님께서는 야곱의 우물에서 물을 긷던 사마리아 여인에게 물을 청하셨습니다. 육신의 갈증을 시작으로 예수님은 점차 사마리아 여인의 고독과 소외로, 그리스도를 기다리는 영적인 갈급함으로, 대화의 주제를 넓혀 가셨습니다.

1) 유대인이요 남자인 예수님은 사마리아 여인에게 물을 청합니다. 관습을 뛰어넘는 예수님의 파격적인 행동은 사마리아 여인과의 대화에 물꼬를 틉니다. 가장 기초적인 욕구인 갈증을 통해서 예수님은 사마리아 여인에게 다가가고 계셨습니다.

2) 예수님과 사마리아 여인 사이의 대화는 이제 영원히 목마르지 아니할 생수로 발전합니다. 사마리아 여인은 비록 예수님께서 말씀하신 영원히 목마르지 아니할 생수가 무엇을 뜻하는지 깨닫지 못했지만 이내 남편 이야기를 통해 차츰 마음의 문을 열어갑니다. 그래서 사마리아 여인은 예수님을 낯선 유대 남자에서 선지자로 고백하는 단계에 이르게 됩니다.

3) 두 사람 간의 대화는 예배, 즉 영적인 관심으로 이어졌습니다. 예수님은 신령과 진정으로 드리는 예배에 관한 소중한 가르침을 이 여인에게 말씀해 주셨습니다. 점진적인 대화를 통해 사마리아 여인은 예수님을 메시야로 받아들였습니다.

3. 변화된 사마리아 여인

1) 사마리아 여인은 예수님이 메시야라는 것을 깨닫자 조금의 지체도 없이 그 소식을 사람들에게 알리려 달려갑니다. 물동이까지 버려 두고 사람들에게 달려간 사마리아 여인은 "나의 행한 모든 일을 내게 말한 사람을 와 보라 이는 그리스도가 아니냐"(요 4:29)면서 그리스도의 출현을 알립니다. 사마리아 여인은 사마리아에 그리스도를 알린 최초의 증거

자가 되었습니다.

2) 사마리아 여인의 변화는 사마리아 지역도 변하게 했습니다. 사마리아 사람들은 예수님께 자기들과 함께 유하기를 청했습니다. 또 예수님의 말씀을 듣고 믿는 자가 더욱 많아졌습니다. 그래서 그들은 더 이상 다른 사람, 즉 사마리아 여인의 말을 듣고 예수님을 믿는 믿음이 아니라, 예수님의 말씀을 친히 듣고 세상의 구주를 믿는 굳센 믿음의 소유자들로 변화되었습니다.

적용 질문

1. 당신의 영적인 관심은 어느 정도입니까?

2. 신앙생활 가운데 당신이 얻은 교훈, 기쁨, 감격을 다른 사람들과 나누어 본 경험이 있습니까?

메시지

사마리아 여인은 유대인들에 의해서, 또 같은 사마리아 사람들로부터 소외된 여인이었습니다. 그러나 예수님은 당시의 모든 관습을 뛰어넘어 사마리아 여인을 한 인간으로 만나 주셨습니다. 사마리아 여인은 소외된 삶에서 입은 상처와 영적인 갈증을 가지고 있었지만, 예수님을 만남으로 인해 그 상처와 갈증이 해결되었습니다. 인간은 편을 가르고, 담을 쌓고, 등을 돌리게 만들었지만, 예수님은 하나 되게 하시고, 담을 허무시고, 얼굴과 마음을 마주 대하게 하셨습니다. 예수님에게는 경계가 없었습니다. 어떤 장벽이라도 넘어가고, 어떤 허물이라도 품는 넓고 깊은 마음이 예수님의 마음이었습니다. 수많은 관습과 장벽으로 갈라지고 나누어진 이 시대의 그리스도인들에게 필요한 것은 예수님의 마음을 회복하는 일입니다.

예수님을 만난 사마리아 여인은 변화되어 복음의 증거자가 되었습니다. 예수가 그리스도인 것을 알게 된 순간 사마리아 여인은 머뭇거리지 않았습니다. 물동이를 버려 두고 동리로 달려갈 만큼 이 여인은 주님의 일에 민첩했습니다. 상처 많고, 죄 많던 이 여인에 의해 예수 그리스도의 복음은 경계를 넓혀 갔습니다. 사마리아 여인에 의해 전해진 복음은 이방의 빛이 되었습니다. 상처를 치유하는 힘이 되었고, 소외를 극복하는 능력이 되었습니다.

예수 그리스도의 은혜와 사랑은 당신의 발과 입을 필요로 하고 있습니다. 당신도 이제 일어서서 사마리아 여인의 뒤를 따르십시오. 물동이를 버려 두고 달려갈 만큼 큰 열심과 간절함으로 복음을 전하십시오.

9

막달라 마리아
– 예수님께 헌신한 여인

찬송 : 348장
본문 : 누가복음 8:1-3

1이후에 예수께서 각 성과 촌에 두루 다니시며 하나님의 나라를
반포하시며 그 복음을 전하실새 열두 제자가 함께 하였고 2또한
악귀를 쫓아내심과 병 고침을 받은 어떤 여자들 곧 일곱 귀신이
나간 자 막달라인이라 하는 마리아와 3또 헤롯의 청지기 구사의
아내 요안나와 또 수산나와 다른 여러 여자가 함께하여 자기들
의 소유로 저희를 섬기더라

도입글

얼마 전 화제가 되었던 TV 드라마 '올인' 을 보셨습니까? 도박사들의 승부 세계를 다루었던 드라마였습니다. 주인공은 인생의 고비마다, 또 중요한 승부처마다 모든 것을 거는 '올인' (all in)의 승부수를 던집니다. 그야말로 드라마 속에서 그의 '올인' 은 늘 그에게 행운을 안겨 줍니다. 그러나 드라마가 아닌 일상의 삶에서 모든 것을 건다는 것은 결코 쉽지 않은 선택입니다. 더군다나 돈이 아닌 자신의 인생, 자신이 가진 소유가 아닌 자기 자신을 무언가를 위해 던지기는 매우 어렵고 힘든 일입니다. 복음서에는 예수를 위해 자신의 모든 소유, 심지어 자신의 인생까지 헌신한 여

인의 이야기가 나옵니다. 바로 막달라 마리아입니다. 이 여인을 통해 참된 헌신의 모습을 배워 보기 바랍니다.

여는 질문

1. 당신은 교회의 어떤 분야에서 봉사하고 있습니까? 이유는 무엇입니까?

2. 당신은 주님으로부터 어떤 구체적인 은총을 입은 적이 있습니까? 있었다면 당신은 어떻게 감사했습니까?

본론

1. 막달라 마리아는 어떤 사람이었습니까? 본문을 읽고 대답해 보십시오.

2. 막달라 마리아의 헌신은 어떠했습니까? 다음의 구절들을 읽고 말해 보십시오.

누가복음 8:3
3또 헤롯의 청지기 구사의 아내 요안나와 또 수산나와 다른 여러 여
자가 함께하여 자기들의 소유로 저희를 섬기더라

요한복음 19:25
25예수의 십자가 곁에는 그 모친과 이모와 글로바의 아내 마리아와
막달라 마리아가 섰는지라

요한복음 20:11
11마리아는 무덤 밖에 서서 울고 있더니 울면서 구푸려 무덤 속을
들여다보니

3. 막달라 마리아는 부활하신 주님을 처음 보고 부활을 알린 여인이었습니다. 당시 정황을 설명해 보십시오. 또 예수님과 막달라 마리아의 대화 내용은 어떤 것이었습니까?

요한복음 20:16-18
16예수께서 마리아야 하시거늘 마리아가 돌이켜 히브리 말로 랍오
니여 하니 (이는 선생님이라) 17예수께서 이르시되 나를 만지지 말
라 내가 아직 아버지께로 올라가지 못하였노라 너는 내 형제들에게
가서 이르되 내가 내 아버지 곧 너희 아버지 내 하나님 곧 너희 하나
님께로 올라간다 하라 하신대 18막달라 마리아가 가서 제자들에게
내가 주를 보았다 하고 또 주께서 자기에게 이렇게 말씀하셨다 이
르니라

배우기

1. 막달라 마리아는 예수님께서 공생애 활동 중에 만나 병을 고쳐 준 여인이었습니다. 예수님을 만났을 때 막달라 마리아는 일곱 귀신이 들린 상태였습니다. 당시 이스라엘 사회에서 여인과 아이들은 불완전한 인격으로 취급받았습니다. 그러나 예수님은 여인, 더군다나 귀신들린 여인을 만나 치료해 주셨고, 그들을 공동체의 일원으로 받아 주셨습니다. 이처럼 예수님이 선포한 복음은 소외된 자들에게도 구원의 기쁜 소식이었습니다.

> "주의 성령이 내게 임하셨으니 이는 가난한 자에게 복음을 전하게 하시려고 내게 기름을 부으시고 나를 보내사 포로된 자에게 자유를, 눈먼 자에게 다시 보게 함을 전파하며 눌린 자를 자유케 하고 주의 은혜의 해를 전파하게 하려 하심이라 하였더라"(눅 4:18-19).

2. 병을 치유받은 막달라 마리아는 그 후 예수님과 그 공동체에 전적인 헌신을 합니다. 막달라 마리아의 마음속에는 예수님에 대한 감사와 사랑의 마음이 가득했습니다. 이후로도 막달라 마리아와 몇몇의 여인들은 평생을 헌신으로 일관합니다.

   1) 막달라 마리아는 요안나, 수산나와 다른 여러 여자들과 함께 자신들의 소유, 곧 재산을 바쳐 예수님을 섬깁니다. 이들의 경제적인 지원은 예수님의 사역에 큰 힘이 되었습니다. 이들의 이런 경제적인 후원은 감사에서 비롯된 자발적인 헌신이었습니다.

2) 막달라 마리아는 예수님의 공생애 활동뿐만 아니라 십자가에 달리실 때도 함께했습니다. 베드로는 그리스도를 부인했고, 유다는 자신의 선생을 은 삼십 냥에 팔아 버렸습니다. 마가복음 14:50의 말씀을 보면 "제자들이 다 예수를 버리고 도망하니라"고 기록하고 있습니다. 이렇듯 예수님 주변의 남자들은 모두 도망쳐 버리고 말았지만 막달라 마리아와 몇몇 여인들은 예수님께서 십자가에 달리시는 그 순간까지도 예수님의 곁을 지켰습니다.

그뿐만이 아닙니다. 막달라 마리아는 예수님을 무덤에서 장사 지낸 후에도 무덤을 찾아 울며 예수님의 죽음을 슬퍼했습니다. 예수님에게 헛된 기대를 품었던 이들은 예수님이 십자가에 달리자 절망하며 돌아섰습니다. 더 이상 예수님에게 기대할 것이 없다고 판단했기 때문입니다. 이제 그들에게 중요한 것은 자기 자신의 안위였습니다. 그러나 막달라 마리아는 달랐습니다. 이 여인은 진실로 예수님을 사랑하고 있었기 때문에 무덤까지 찾아와 슬퍼하며 울었습니다. 예수님을 향한 막달라 마리아의 마음이 얼마나 진실했는지를 엿볼 수 있습니다.

생각해 보는 이야기

기도 바구니

하나님께서 두 천사에게 지상으로 내려가 오늘 하루 동안 사람들이 하는 기도를 모아 오라고 명령하셨습니다. 두 천사는 커다란 기도 바구니를 들고 하루 종일 바쁘게 기도를 모으러 다녔습니다. 일을 마친 두 천사는 서로의 바구니를 살펴보았습니다. 그런데 한 천사의 바구니는 들기가 어려울 정도로 무거운데, 다른 천사의 바구니는 거의 비어 있었습니다.

하나님 앞에 선 두 천사는 그날 하루 겪은 일들을 보고하기 시작했습니다.

먼저 무거운 바구니를 든 천사가 말했습니다. "사람들이 기도하는 대부분은 무엇을 해달라, 무엇을 달라는 기도였습니다. 그런 기도가 하도 많아 미처 다 담지 못할 지경이었습니다."

가벼운 바구니를 든 천사가 말했습니다. "사람들이 기도는 참 많이 하지만 하나님의 은혜에 감사하는 기도는 거의 없었습니다. 그래서 바구니가 이렇게…."

3. 부활하신 주님은 막달라 마리아에게 처음 나타나셨습니다. 베드로와 다른 제자들도 무덤을 찾았지만 정작 부활하신 예수님을 만난 사람은 막달라 마리아였습니다. 예수님은 막달라 마리아에게 부활을 알리라고 말씀하셨고 막달라 마리아는 기쁨에 차서 예수님의 부활을 알린 최초의 여인이 되었습니다. 사마리아 여인은 이방에 최초로 복음을 전한 여인입니다. 이 여인은 예수님을 만나 대화를 하다가 그가 바로 그리스도임을 깨닫고 이렇게 말합니다.

> "나의 행한 모든 일을 내게 말한 사람을 와 보라 이는 그리스도가 아니냐 하니" (요 4:29).

막달라 마리아는 주님의 부활을 최초로 목격한 증인이었습니다. 이 여인은 부활의 기쁜 소식을 이렇게 외칩니다.

> "막달라 마리아가 가서 제자들에게 내가 주를 보았다 하고 또 주께서 자기에게 이렇게 말씀하셨다 이르니라" (요 20:18).

적용 질문

1. 당신은 평생에 걸쳐 일관되게 실천하는 일이 있습니까?

2. 은혜를 기억하며 감사하는 사람의 삶은 구체적으로 어떠해야 할지 말해 보십시오.

메시지

흔히 남자는 강하고 여자는 약하다고 합니다. 막달라 마리아는 연약한 여자였습니다. 그러나 힘센 제자들보다, 무기를 가진 로마군인들보다 더 강하고 용기 있는 여인이었습니다. 베드로도, 다른 제자들도 모두 예수님을 버리고 도망쳤지만 이 여인은 끝까지 예수님의 곁을 지켰습니다. 이 여인의 마음속에는 예수님에 대한 사랑이 있었기 때문입니다. 막달라 마리아를 비롯한 몇몇 여인들은 예수님의 고난의 길에도, 십자가의 죽음도, 장사 지낸 무덤까지도 두려움 없이 함께했습니다. 사랑이 이 여인을 강하게 했습니다.

막달라 마리아의 마음속에는 병을 고쳐 주셨던 예수님에 대한 감사가 있었습니다. 다들 잊고 떠나도 이 여인은 결코 그 은혜를 잊지 않았습니다. 넘치는 감사는 소유를 아끼지 않게 했습니다. 그래서 막달라 마리아는 자신의 소유로 예수님과 공동체를 섬기는 일에 헌신했습니다.

막달라 마리아에게는 예수를 그리스도로 모시는 굳센 믿음이 있었습니다. 평생을 변치 않고 헌신한 이유는 이 믿음 때문이었습니다. 따르던 많은 군중들이 돌아서고, 제자들마저 배신했지만 이 여인은 평생을 한결같이 예수님을 따랐습니다.

막달라 마리아에게서 사랑과 믿음, 그리고 감사와 헌신을 배우십시오.

세베대 아들들의 어머니
– 삶의 초점이 바뀐 여인

찬송 : 543장

본문 : 마태복음 20:20-28; 27:56

20:20그 때에 세베대의 아들의 어미가 그 아들들을 데리고 예수께
와서 절하며 무엇을 구하니 21예수께서 가라사대 무엇을 원하느
뇨 가로되 이 나의 두 아들을 주의 나라에서 하나는 주의 우편에,
하나는 주의 좌편에 앉게 명하소서 22예수께서 대답하여 가라사
대 너희 구하는 것을 너희가 알지 못하는도다 나의 마시려는 잔
을 너희가 마실 수 있느냐 저희가 말하되 할 수 있나이다 23가라
사대 너희가 과연 내 잔을 마시려니와 내 좌우편에 앉는 것은 나
의 줄 것이 아니라 내 아버지께서 누구를 위하여 예비하셨든지
그들이 얻을 것이니라 24열 제자가 듣고 그 두 형제에 대하여 분
히 여기거늘 25예수께서 제자들을 불러다가 가라사대 이방인의
집권자들이 저희를 임의로 주관하고 그 대인들이 저희에게 권세
를 부리는 줄을 너희가 알거니와 26너희 중에는 그렇지 아니하니
너희 중에 누구든지 크고자 하는 자는 너희를 섬기는 자가 되고
27너희 중에 누구든지 으뜸이 되고자 하는 자는 너희 종이 되어
야 하리라 28인자가 온 것은 섬김을 받으려 함이 아니라 도리어
섬기려 하고 자기 목숨을 많은 사람의 대속물로 주려 함이니라

27:56그 중에 막달라 마리아와 또 야고보와 요셉의 어머니 마리아
와 또 세베대의 아들들의 어머니도 있더라

도입글

늘 고개를 아래로 떨구며 땅만 살피며 사는 사람은 동전 몇 개는 주울 수 있지만 푸른 하늘은 보지 못합니다. 자기 속에 시선이 갇힌 사람은 다른 사람을 이해할 수도 없고 포용할 수도 없습니다. 이런 사람은 삶의 지경을 넓히기는커녕 우물 안의 개구리가 되어버리고 맙니다. 사람이 변화한다는 것은 곧 그 사람의 삶의 방식이 달라졌다는 것을 뜻합니다. 또한 삶의 방식이 달라졌다는 것은 관심사가 바뀌었다는 이야기이기도 합니다. 나이에 따라서, 지금 처해 있는 환경에 따라서, 뜻하지 않은 사건에 의해서 관심은 달라지곤 합니다. 어떤 사람의 관심이 무엇에 쏠려 있는지 알게 되면 그 사람의 삶의 차원을 알 수 있습니다. 세베대의 아들들의 어머니라고 성경에 소개된 여인은 예수님을 만나 시선이, 관심사가, 삶의 초점이 바뀌었습니다. 이 여인의 삶의 궤적을 따라가 보면서 지금 우리 자신의 초점은 어디로 향하고 있는지 점검해 봅시다.

여는 질문

1. 당신의 관심사는 어릴 때, 학창 시절, 결혼 전, 결혼 후를 거치면서 어떻게 달라졌습니까?

2. 지금 당신의 가장 큰 관심사는 무엇입니까?

본론

1. 세베대의 아들들의 어머니는 예수님께 어떤 부탁을 합니까? 그런 부탁을 한 이유는 무엇이었습니까? 또한 이들의 부탁에 대한 예수님의 대답은 어떠했습니까?

· 부탁과 이유 :

· 예수님의 대답 :

마태복음 20:20-22
[20]그 때에 세베대의 아들의 어미가 그 아들들을 데리고 예수께 와서
절하며 무엇을 구하니 [21]예수께서 가라사대 무엇을 원하느뇨 가로
되 이 나의 두 아들을 주의 나라에서 하나는 주의 우편에, 하나는 주
의 좌편에 앉게 명하소서 [22]예수께서 대답하여 가라사대 너희 구하
는 것을 너희가 알지 못하는도다 나의 마시려는 잔을 너희가 마실
수 있느냐 저희가 말하되 할 수 있나이다

2. 예수님은 세베대 아들들의 어머니의 부탁을 듣고 난 후 인자의 사명에 대해 가르치십니다. 그 가르침은 어떤 내용이었습니까?

마태복음 20:26-28
26너희 중에는 그렇지 아니하니 너희 중에 누구든지 크고자 하는 자
는 너희를 섬기는 자가 되고 27너희 중에 누구든지 으뜸이 되고자
하는 자는 너희 종이 되어야 하리라 28인자가 온 것은 섬김을 받으
려 함이 아니라 도리어 섬기려 하고 자기 목숨을 많은 사람의 대속
물로 주려 함이니라

3. 예수님께서 십자가에 달리셨을 때 끝까지 함께했던 사람들은 누구입니까? 이들 중 세베대의 아들들의 어머니의 심정이 어떠했을지 말해 보십시오.

마태복음 27:55-56
55예수를 섬기며 갈릴리에서부터 좇아온 많은 여자가 거기 있어 멀
리서 바라보고 있으니 56그 중에 막달라 마리아와 또 야고보와 요셉
의 어머니 마리아와 또 세베대의 아들들의 어머니도 있더라

배우기

1. 세베대의 아들들이라고 본문에서 표현된 제자는 야고보와 요한입니다. 이 두 제자의 어머니는 요즘 말로 하면 치맛바람의 원조쯤 되는 여인이었습니다. 생계였던 어부 일을 팽개치고 예수님을 따라 나선 두 아들을 바라보며 어머니는 두 아들의 출세를 꿈꾸었습니다. 그래서 그녀는 예수님께 나아와 두 아

들을 하나는 예수님의 우편에 하나는 좌편에 앉게 해달라고 부탁합니다.

세베대의 아들들의 어머니는 예수님과 두 아들에게 관심을 가지고 지켜보던 여인이었습니다. 예수님의 놀라운 이적과 가르침, 그리고 대중들의 반응을 본 이 여인은 예수님에게서 한 가닥 소망을 보았습니다. 그러나 그 소망은 철저하게 세속적이며 이기적인 것이었습니다. 그러나 예수님은 전혀 엉뚱한 답변을 들려주셨습니다. "나의 마시려는 잔을 너희가 마실 수 있느냐?" 예수님의 말씀을 이해하지 못한 이들은 자신 있게 대답합니다. "할 수 있나이다."

2. 이들의 무모한 대답을 들은 예수님은 이들과 제자들에게 인자의 사명에 대해 가르치십니다. 곧 섬기는 사명, 고난과 십자가의 사명이었습니다. 예수님은 절박한 심정으로 섬김과 고난에 대해 말씀하셨지만 이 말씀을 이해한 사람은 아무도 없었습니다. 그러나 예수님의 가르침은 이들의 마음속에서 뿌리를 내리는 씨앗이 되었습니다.

예수님의 거듭되는 가르침과 교훈 속에서 세베대의 아들들의 어머니는 서서히 변화하기 시작했습니다. 자식들의 출세만 바라던 그녀의 관심은 이제 하나님의 아들이 전하는 말씀으로 옮겨갔습니다. 이기심이 희생을 감수할 수 있는 마음으로, 자기 자식들만 위하던 좁은 마음이 구원받아야 할 사람들에 대한 연민으로, 세상에서의 성공을 바라던 욕심이 하나님 나라를 위한 소망으로 바뀌어 갔습니다.

3. 기세등등했던 베드로도 자기의 선생을 세 번씩이나 부인했습니다. 따르던 다른 제자들도 모두 숨고 도망쳤습니다. 그러나 몇몇 여인들은 예수님께서 십자가에 달리실 때까지 따르며 슬퍼했습니다. 요셉의 어머니 마리아, 막달라 마리아, 그리고 세베대의 아들들의 어머니가 그들이었습니다. 이들은 후에 예수님의 무덤에도 동행했습니다.

세베대의 아들들의 어머니는 십자가에 달리신 예수님을 보며 비로소 그가 말했던 "내가 마시려는 잔"이 무엇이었는지 깨달았습니다. 그리고 어리석게도 그 잔을 마시겠다고 성큼 대답했던 자신의 무지를 뉘우쳤습니다. 이제 관심이, 세상을 바라보는 시선이, 삶의 초점이 바뀐 이 여인은 예수님의 십자가 아래에서 안타까움과 슬픔을, 그리고 예수님의 부활 앞에서 소망과 기쁨을 누렸습니다.

적용 질문

1. 당신에게는 거룩한 열정이 있습니까?

2. 당신은 영적인 관심으로 세상과 자신을 보고 있습니까?

메시지

세상에는 당신이 미처 보지 못한 삶이 있습니다. 당신의 시선에 잡힌 그 세계가 전부인 줄 알며 살지만 조금만 시선을 돌려보면 알지 못했던 미지의 세계가 가득 펼쳐져 있습니다. 말이 태어나면 제주도로, 사람이 태어나면 서울로 보내라는 말이 있습니다. 넓은 세계를 보며 마음의 문을 넓히라는 이야기입니다.

세상에는 당신보다 한 차원 높게 사는 사람들이 있습니다. 당신이 주저앉아 있을 때에는 모릅니다. 그러나 당신이 열심을 내어 한 계단 뛰어오르면 이미 그곳에는 한 차원 높은 생을 영위하는 사람들이 있게 마련입니다. 신앙을 갖고 보면 이미 그 신앙 안에서 자유를 만끽하며 사는 사람들이 있습니다. 봉사를 결심하고 나면 이미 그 봉사의 보람에 흠뻑 빠져 있는 사람들이 있습니다. 영적인 관심을 가지고 영적생활에 집중하다 보면 이미 나보다 한 단계 더 높은 영적생활을 향유하고 있는 사람들을 발견하게 됩니다.

당신은 지금 무엇에 관심을 가지고 있습니까? 당신의 시선은 지금 어디로 향하고 있습니까? 당신의 생각과 행동의 초점은 무엇에 맞추어져 있습니까?

세베대의 아들들의 어머니는 삶의 초점이 변한 여인이었습니다. 이 여인은 이제 초점이 달라진 눈으로 예수님이 마셨던 잔을 바라보았습니다. 그 잔은 쾌락의 잔이 아닌 고통의 잔이었습니다. 영광의 잔이 아닌 수치의 잔이었습니다. 출세의 잔이 아닌 십자가의 죽음의 잔이었습니다. 그러나 삶의 초점이 달라진 이 여인은 기꺼이 그 잔을 마십니다. 당신 앞에는 어떤 잔이 놓여 있습니까?

11 브리스길라

– 바울의 동역자가 되었던 여인

찬송 : 273장
본문 : 로마서 16:3-4

> 3 너희가 그리스도 예수 안에서 나의 동역자들인 브리스가와 아
> 굴라에게 문안하라 4 저희는 내 목숨을 위하여 자기의 목이라도
> 내어놓았나니 나뿐 아니라 이방인의 모든 교회도 저희에게 감사
> 하느니라

도입글

2인3각 경기를 해 보신 적이 있습니까? 두 사람이 한쪽 발을 묶은 채 달리는 경기입니다. 이 경기에서는 빠르게 달릴 수 있는 능력보다 두 사람의 호흡이 더 중요한 승리의 요인이 됩니다. 누군가와 완전히 마음을 맞춘다는 것은 쉽지 않습니다. 더군다나 맞춘 마음을 오래 지속하기는 더욱 어렵습니다. 그러나 여기 온전히 뜻과 마음을 맞추어 평생을 살아간 이들이 있습니다. 브리스길라와 아굴라 부부는 바울을 만난 이후로 단 한 차례도 바울과 어그러짐이 없이 평생을 동역했던 사람들입니다. 더군다나 브리스길라는 아굴라의 아내로서, 한 가정의 주부로서의 역할과 함께 바울의 동업자로, 동역자로, 교회에서 말씀을 가르치는 자로 부족

이 없었던 여인입니다. 브리스길라에게서 참다운 헌신자의 모습을 배워 봅시다.

여는 질문

1. 당신은 누군가의 삶에 결정적인 도움을 준 경험이 있습니까?

2. 당신은 누군가와 뜻과 마음을 온전히 맞추어 본 경험이 있습니까?

생각해 보는 이야기

도마뱀의 우정

지은 지 3년이 되는 집을 헐게 되었습니다. 인부들이 막 지붕을 벗기려는데, 꼬리가 못에 박혀 벽에서 움직이지 못하고 있는 도마뱀 한 마리를 발견하게 되었습니다. 주인에게 확인을 해 보니 그 못이 박힌 것은 3년 전이 틀림없었습니다. 꼬리가 못에 박혀 움직이지 못하는 도마뱀이 3년씩이나 살아 있다는 것이 놀랍기만 했습니다. 그러나 잠시 후 의문이 풀렸습니다. 다른 도마뱀 한 마리가 먹이를 물어다 주고 있었던 것이었습니다. 그 도마뱀은 3년을 한결같이 하루에도 몇

번씩이나 꼬리가 못에 박혀 움직이지 못하는 친구를 위해 먹이를 물어다 주었습니다. 참 아름다운 우정 아닙니까?

본론

1. 브리스길라는 바울로부터 더할 수 없는 인정과 신뢰를 받았던 사람이었습니다. 바울이 브리스길라를 신뢰했던 이유는 무엇이었습니까?

사도행전 18:1-3
1이 후에 바울이 아덴을 떠나 고린도에 이르러 2아굴라라 하는 본도
에서 난 유대인 하나를 만나니 글라우디오가 모든 유대인을 명하여
로마에서 떠나라 한 고로 그가 그 아내 브리스길라와 함께 이달리
야로부터 새로 온지라 바울이 그들에게 가매 3업이 같으므로 함께
거하여 일을 하니 그 업은 장막을 만드는 것이더라

로마서 16:3-4
3너희가 그리스도 예수 안에서 나의 동역자들인 브리스가와 아굴라
에게 문안하라 4저희는 내 목숨을 위하여 자기의 목이라도 내어 놓
았나니 나뿐 아니라 이방인의 모든 교회도 저희에게 감사하느니라

2. 브리스길라와 그의 남편 아굴라는 복음을 전하고 가르치는 일에도 열심이었던 사람입니다. 다음의 본문을 읽고 당시의 상황을 설명해 보십시오.

사도행전 18:24-26

24알렉산드리아에서 난 아볼로라 하는 유대인이 에베소에 이르니
이 사람은 학문이 많고 성경에 능한 자라 25그가 일찍 주의 도를 배
워 열심으로 예수에 관한 것을 자세히 말하며 가르치나 요한의 세
례만 알 따름이라 26그가 회당에서 담대히 말하기를 시작하거늘 브
리스길라와 아굴라가 듣고 데려다가 하나님의 도를 더 자세히 풀어
이르더라

3. 브리스길라와 아굴라는 교회에 헌신적인 부부였습니다. 다음의 본문을 통해 당시 교회의 형태는 어떠했을지 말해 보십시오.

고린도전서 16:19

19아시아의 교회들이 너희에게 문안하고 아굴라와 브리스가와 및
그 집에 있는 교회가 주 안에서 너희에게 간절히 문안하고

해석을 위한 도움 글

시대적 배경

브리스길라와 아굴라 부부는 로마에서 살았던 유대인이었습니다. 브리스길라는 브리스가의 애칭이며 '작은 노부인' 이라는 뜻입니다. 아굴라는 라틴어로 '독수리' 라는 뜻을 가지고 있습니다. 이 부부는 A. D. 49-50에 있었던 황제 글라우디오의 칙령에 의해 로마에서 추방되어서 고린도로 이주를 하게 되었고, 이 때 바울을 만나 그의 평생의 동역자가 되었습

니다. 그 후 바울의 제2차전도여행에 함께하면서 에베소, 로마 등의 지역에서 복음을 전하는 사역을 감당했습니다.

배우기

1. 브리스길라는 바울로부터 더할 수 없는 인정과 신뢰를 받았던 사람이었습니다. 그 이유는 무엇보다 헌신적인 지원과 동역 때문이었습니다.

1) 바울은 천막 짓는 일로 생활의 방편을 삼았습니다. 바울이 고린도에서 천막 짓는 일을 하며 선교를 할 때 만난 사람들이 바로 브리스길라와 아굴라 부부입니다. 그들은 바울과 함께 천막 짓는 일을 했을 뿐만 아니라 그의 선교도 적극적으로 도왔습니다. 말하자면 그들은 바울의 동업자이자 동역자였습니다.

2) 바울은 이 부부를 가리켜 "내 목숨을 위하여 자기의 목이라도 내어놓았나니"라고 표현하고 있습니다. 이 구절은 문자적으로 '도끼 아래 자신들의 목을 내어놓았다'라는 의미입니다. 즉 바울이 여러 차례 곤경에 빠졌을 때 이 부부가 절대적인 도움을 주었다고 유추해 볼 수 있습니다. 브리스길라와 아굴라는 이처럼 바울의 생활과 선교에 절대적인 도움을 주었던 헌신적인 부부였습니다.

2. 브리스길라와 그의 남편 아굴라는 복음을 전하고 가르치는 일에도 열심이었던 사람입니다. 아볼로는 알렉산드리아 출신의 유대인이었고 탁월한 학문과 신앙의 열심을 지닌 사람이었습니다. 그러나 그에게는 예수 그리스도의 복음에 대한 완전한 이해가 부족했습니다. 즉 세례 요한의 물세례는 알았지만 예수님께서 말씀하시고 후에 제자들에 의해 확증된 성령세례에 관해서는 무지했습니다. 브리스길라와 아굴라는 그런 아볼로를 집으로 초대해서 하나님의 도를 풀어 가르칩니다.

> "예수께서 대답하시되 진실로 진실로 네게 이르노니 사람이 물과 성령으로 나지 아니하면 하나님 나라에 들어갈 수 없느니라" (요 3:5).

> "오순절 날이 이미 이르매 저희가 다같이 한 곳에 모였더니 홀연히 하늘로부터 급하고 강한 바람 같은 소리가 있어 저희 앉은 온 집에 가득하며 불의 혀같이 갈라지는 것이 저희에게 보여 각 사람 위에 임하여 있더니 저희가 다 성령의 충만함을 받고 성령이 말하게 하심을 따라 다른 방언으로 말하기를 시작하니라" (행 2:1-4).

3. 브리스길라와 아굴라는 교회와 교회 지도자에게 헌신적인 부부였습니다. 당시의 교회는 지금과 같은 독립적인 건물이 아닌 헌신된 개인의 집을 예배 처소로 사용했습니다. 이 부부는 그들의 집을 기꺼이 교회 처소로 제공하여 바울의 목회에 큰 도움을 주었습니다. 그뿐만이 아닙니다. 그들은 함께 기거하던 바울이 고린도 전도를 마치고 에베소로 떠나자 함께 이사해

서 계속 바울의 선교와 목회를 도왔습니다. 이처럼 바울의 위대한 업적 뒤에는 이 부부의 헌신적인 도움과 동역이 있었습니다. 바울이 이 부부를 가리켜 자신을 위해 목이라도 내어놓을 사람이라고 칭찬한 것은 전혀 과장이 아니었습니다.

적용 질문

1. 당신에게는 동역자라고 여길 만한 사람들이 있습니까?

2. 당신은 교회와 교회 지도자들을 위해 어떻게 헌신하고 있습니까?

메시지

초대교회에서 바울의 역할과 영향력은 놀랍기 그지없습니다. 그러나 바울의 뒤에는 숨은 공로자들 또한 많았습니다. 그들의 헌신은 가히 절대적이었고 그런 그들의 헌신으로 말미암아 초대교회는 놀라운 역사를 일으켰습니다. 브리스길라와 아굴라 부부도 그런 헌신자 중의 하나입니다. 그들은 부부가 한 마음으로 바울을 도움으로써 으뜸가는 부부의 이상형이 되었습니다. 그들의 헌신은 바울과 선교 사역을 함께하는 것뿐만 아니라 바울의 생활 방편까지도 도움을 줌으로써 그들의 헌신의 정도가 어느 정도였는지를 짐작하게 합니다. 그들의 헌신은 말 그대로 온몸과 마음을 드린 헌신이었고, 그들의 헌신은 평생 지속되었습니다. 또한 그들은 이에 더하여 바울의 동역자일 뿐만 아니라 그들 스스로도 말씀을 전하는 일에 열심이어서 아볼로의 신앙을 깨우쳐 주기까지 합니다. 하나님께서 원하시는 것은 절대적인 헌신입니다. 내 일부가 아닌, 내 모든 것을 드릴 수 있는 헌신이 있을 때 하나님의 역사는 크고 무궁합니다. 여러분은 이 시대의 브리스길라와 아굴라가 되시기 바랍니다. 여러분이 속한 교회에서, 여러분이 살아가는 삶의 현장에서 브리스길라와 아굴라 같은 헌신은 하나님께서 가장 원하시는 것입니다. 여러분의 뜨거운 헌신을 통해 하나님의 손길이 나타나기를 바랍니다.

12

로이스와 유니게
– 신앙을 물려준 어머니

찬송 : 507장

본문 : 디모데후서 1:1-5

1하나님의 뜻으로 말미암아 그리스도 예수 안에 있는 생명의 약
속대로 그리스도 예수의 사도 된 바울은 2사랑하는 아들 디모데
에게 편지하노니 하나님 아버지와 그리스도 예수 우리 주께로부
터 은혜와 긍휼과 평강이 네게 있을지어다 3나의 밤낮 간구하는
가운데 쉬지 않고 너를 생각하여 청결한 양심으로 조상 적부터
섬겨 오는 하나님께 감사하고 4네 눈물을 생각하여 너 보기를 원
함은 내 기쁨이 가득하게 하려 함이니 5이는 네 속에 거짓이 없
는 믿음을 생각함이라 이 믿음은 먼저 네 외조모 로이스와 네 어
머니 유니게 속에 있더니 네 속에도 있는 줄을 확신하노라

도입글

유대인들은 아버지와 어머니의 국적이 다를 경우 어머니가 유대인이어야 유대인으로 인정을 받습니다. 그 이유는 어머니의 신앙교육을 높이 평가하기 때문입니다. 유대인들의 지혜로운 예가 아니더라도 아이들에게 있어서 어머니의 영향력은 절대적입니다. 히틀러가 그처럼 유대인들을 학살하였음에도 불구하고 그는 "유대인들은 죽였어도 그들의 가정만큼은 파괴할 수 없었다"라고 말

했다고 합니다. 유대인들의 가정교육과 신앙교육이 얼마나 철저했는가를 보여 주는 이야기입니다. 성 어거스틴의 뒤에는 모니카가, 존 웨슬리의 뒤에는 수산나가 그림자처럼 있었습니다. 어머니의 기도가 없었더라면 그들도 없었을 것입니다. 로이스와 유니게는 성경에 짧게 소개되었지만 디모데를 통해 그들의 모습을 볼 수 있습니다. 그들의 기도와 신앙교육의 결과가 디모데였기 때문입니다. 위대한 신앙의 어머니들을 통해 당신이 가꾸어야 할 생명들을 다시 한번 돌이켜 보며 새로운 각오가 있기를 바랍니다.

여는 질문

1. 당신의 가족 중에서 처음으로 복음을 받아들인 사람은 누구입니까? 또 가족들이 모두 함께 신앙생활을 하고 있습니까?

2. 당신은 당신의 자녀들과 세대 차이를 느끼고 있습니까? 그렇다면 그들에게 다가가기 위해 어떤 노력을 하고 있습니까?

본론

1. 디모데는 어떤 사람이었습니까? 또한 바울은 디모데를 어떻게 평가하고 있습니까?

사도행전 16:1-3
1바울이 더베와 루스드라에도 이르매 거기 디모데라 하는 제자가
있으니 그 모친은 믿는 유대 여자요 부친은 헬라인이라 2디모데는
루스드라와 이고니온에 있는 형제들에게 칭찬받는 자니 3바울이 그
를 데리고 떠나고자 할새 그 지경에 있는 유대인을 인하여 그를 데
려다가 할례를 행하니 이는 그 사람들이 그의 부친은 헬라인인 줄
다 앎이러라

고린도전서 4:17
17이를 인하여 내가 주 안에서 내 사랑하고 신실한 아들 디모데를
너희에게 보내었노니 저가 너희로 하여금 그리스도 예수 안에서 나
의 행사 곧 내가 각처 각 교회에서 가르치는 것을 생각나게 하리라

디모데전서 1:2
2믿음 안에서 참 아들 된 디모데에게 편지하노니 하나님 아버지와
그리스도 예수 우리 주께로부터 은혜와 긍휼과 평강이 네게 있을지
어다

2. 디모데는 로이스와 유니게에게서 무엇을 배우고 어떤 영향을 받았습니까?

디모데후서 1:5
5이는 네 속에 거짓이 없는 믿음을 생각함이라 이 믿음은 먼저 네
외조모 로이스와 네 어머니 유니게 속에 있더니 네 속에도 있는 줄
을 확신하노라

디모데후서 3:15
15또 네가 어려서부터 성경을 알았나니 성경은 능히 너로 하여금 그
리스도 예수 안에 있는 믿음으로 말미암아 구원에 이르는 지혜가
있게 하느니라

배우기

1. 디모데는 헬라인 부친과 유대인 어머니 사이에서 태어났습니다. 디모데라는 이름의 뜻은 '하나님을 경외함' 입니다. 그 이름만큼이나 디모데는 어려서부터 하나님을 경외하는 신앙교육을 철저히 받았고, 후에도 이런 신앙의 바탕 위에서 바울을 도와 선교와 목회에 열심을 다했습니다.

   1) 디모데는 루스드라에서 자랐으며 자신의 고향에서 칭찬받는 사람이었습니다. 그곳에서 디모데는 바울을 만나 할례를 받고 바울과 함께 선교에 동참하게 됩니다. 바울 서신의 곳곳에는 바울이 얼마나 디모데에 대한 애정을 가지고 있었는지를 엿볼 수 있습니다. 디모데는 다소 소심하고 유약한 면이 있었던 것으로 보이며 그래서 바울은 그에게 자주 위로와 격려의 말을 전했습니다.

   2) 바울은 바울 서신의 여러 곳에서 디모데를 가리켜 자기의 동역자요, 후계자요, 참 아들이라고 표현하고 있습니다. 디모데는 바울의 명을 따라 고린도와 에베소의 교회를 섬겼습

니다. 특히 사정이 어려웠던 고린도교회에 디모데를 보낸 것으로 보아 바울이 누구보다 디모데를 신뢰하고 있었음을 알 수 있습니다.

2. 디모데가 좋은 신앙과 성품을 가졌던 이유는 그가 어려서부터 받은 신앙교육에 있었습니다. 외할머니였던 로이스와 어머니 유니게는 디모데에게 절대적인 영향을 끼친 여인들이었습니다. 로이스와 유니게의 교육, 그리고 그 교육을 받고 자란 디모데의 성품과 신앙을 보면 가정에서 어머니의 교육이 얼마나 중요한 것인지를 배울 수 있습니다.

1) 바울은 디모데의 믿음을 가리켜 거짓이 없는 믿음이라고 표현하고 있습니다. 그리고 이어 그러한 믿음은 외조모 로이스와 어머니 유니게로부터 받은 것이라고 확언합니다. 바울은 디모데가 어떤 가정에서 어떤 교육을 받고 자랐는지 잘 알았던 사람입니다. 그리고 로이스와 유니게의 신앙이 어떠했는지도 잘 알고 있었습니다. 디모데에 대한 바울의 신뢰는 그의 성품과 신앙이 로이스와 유니게에서 온 것이라는 믿음에 기반을 둔 것이기도 했습니다.

2) 바울은 디모데에게 어려서부터 네가 성경을 알았다고 상기시켜 주고 있습니다. 디모데는 로이스와 유니게로부터 어려서부터 성경을 통해 말씀과 진리를 배웠습니다. 이 구절 바로 앞에는 바울이 루스드라에서 핍박받은 일을 상기시키는 내용이 나옵니다.

“나의 교훈과 행실과 의향과 믿음과 오래 참음과 사랑과 인내와 핍박과 고난과 또한 안디옥과 이고니온과 루스드라에서 당한 일과 어떠한 핍박받은 것을 네가 과연 보고 알았거니와 주께서 이 모든 것 가운데서 나를 건지셨느니라 무릇 그리스도 예수 안에서 경건하게 살고자 하는 자는 핍박을 받으리라” (딤후 3:10-12).

루스드라는 디모데가 자란 곳이었고, 그래서 디모데는 바울이 당한 고통을 잘 알고 있었습니다. 그런 디모데에게 바울은 “무릇 그리스도 예수 안에서 경건하게 살고자 하는 자는 핍박을 받으리라”고 말합니다. 디모데의 거짓 없는 믿음이 핍박을 불러올 수도 있음을 말하고 있는 것입니다. 그러나 바울은 디모데에게 그런 핍박이 오더라도 성경이 가르친 진리 안에 굳건히 설 것을 당부하고 있습니다.

생각해 보는 이야기

사랑

우리들은 어떻게 태어났는가. 사랑으로
우리들은 어떻게 멸망할 것인가. 사랑이 식어지면
우리들은 무엇으로 자기를 극복할 수 있는가. 사랑의 힘으로
우리들은 무엇으로 사랑을 찾을 수 있는가. 사랑의 빛으로
우리들은 무엇으로 한밤 내 울 수 있는가. 사랑의 감동으로
우리들은 무엇으로 하나 될 수 있는가. 사랑의 온기로

– 괴테

적용 질문

1. 당신은 가정 예배를 드립니까?

2. 당신은 자녀들에게 어떤 방법으로 신앙교육을 하고 있습니까? 신앙교육에 관한 좋은 경험이나 방법이 있다면 함께 나누어 보십시오.

메시지

우리 중에 누구라도 부모가 될 수 있습니다. 그러나 모두 좋은 부모가 될 수는 없습니다. 아이는 어른의 거울이라고 합니다. 우리의 행위 하나, 우리의 말 한마디가 아이들에게 얼마나 큰 영향을 끼치는지 알아야 합니다.

아무리 많은 재산을 물려주어도 그 재산을 다룰 만한 능력, 재산을 올바르게 사용할 가치관이 결핍되어 있다면, 그 재산은 오히려 독이 되고 타락의 방편이 될 뿐입니다. 좋은 습관과 가치관은 참된 신앙 안에서만 얻을 수 있습니다. 그러므로 무엇보다 참된 신앙을 물려주는 부모가 되십시오. 그러기에 앞서 과연 내 신앙이 자녀들에게 물려줄 만한 신앙인지 돌아보아야 합니다. 당신의 신앙이 온

전치 못하다면, 그래서 자녀들에게 물려줄 만한 신앙이 아니라면 이제라도 돌이켜 온전한 신앙의 길에 서십시오. 사랑하는 자녀들을 위해서라도 바른 신앙을 가져야 하지 않겠습니까?

가정에서의 교육처럼 영향력 있고 중요한 교육은 없습니다. 어머니가 식탁에서 가르치는 그 가르침이야말로 자녀들의 평생을 좌지우지하는 힘이 됩니다.

로이스와 유니게는 신앙의 유산을 디모데에게 물려주었던 훌륭한 어머니들입니다. 이들의 거짓 없는 신앙은 디모데에게 전해졌고, 디모데에게 전해진 신앙은 초대교회의 기반이 되었습니다. 자녀를 믿음 안에서 잘 양육하는 것은 하나님 나라의 초석을 놓는 일입니다. 당신도 자녀들에게, 믿음의 동역자들에게 로이스와 유니게로 기억되기를 바랍니다.

〈 프리셉트 어린이 신앙전기 도서 〉

프리셉트 어린이 신앙전기 ❶

파란 눈의 중국인 선교사 **허드슨 테일러**

중국인들의 친구가 된 허드슨 선교사의 이야기. 그는 어려움에 닥칠 때마다 하나님을 의지하며 기도의 힘으로 이겨 냈다. 값 12,000원

프리셉트 어린이 신앙전기 ❷

고아들의 영웅 **조지 뮬러**

고아들을 돌보며 영혼을 구원하는 일에 전념했던 조지 목사. 그가 행한 섬김의 삶이 얼마나 복된 것인지 볼 수 있다. 값 8,000원

프리셉트 어린이 신앙전기 ❸

고통 속에서 희망을 노래하는 **코리 텐 붐**

나치가 지배하던 세상은 증오심으로 미쳐가고 있었다. 그 속에서 코리는 말씀을 통해 희망을 노래할 수 있었다. 값 7,500원

프리셉트 어린이 신앙전기 ❹

달리기 챔피언 선교사 **에릭 리들**

에릭은 주일에 달릴 수 없다는 이유로 경기를 포기했다. 대신 그는 하나님의 인도하심으로 크나큰 영광을 받게 된다. 값 8,000원

프리셉트 어린이 신앙전기 ❺

꿈과 열정의 전도자 **빌 브라이트**

평생 뜨거운 전도의 열정을 품고 세계를 누빈 빌 브라이트. 그의 삶은 실천하는 참된 신앙인이란 무엇인지 보여 준다. 값 10,000원

프리셉트 어린이 신앙전기 ❻

살아 있는 순교자 **리처드 범브란트**

리처드는 핍박을 당하는 상황에서도 모든 사람을 하나님의 사랑으로 용서했다. 또한 믿음을 지키며 그들을 위해 기도했다. 값 8,000원

프리셉트 어린이 신앙전기 ❼

종교 개혁의 횃불을 든 **마틴 루터**

루터의 용기 있는 신앙이 타락한 교회를 주님만을 바라보는 교회로 변화시켰고, 성경이 말하는 진리를 깨닫게 했다. 값 12,000원

프리셉트 어린이 신앙전기 ❽

열정의 복음 전도자 **디엘 무디**

하나님은 열정으로 가득한 무디를 통해 사람들에게 말씀을 전하셨으며, 오랫동안 방황하던 영혼들을 새롭게 변화시키셨다. 값 10,000원

프리셉트 T. 02-588-2218 | www.precept.or.kr

G.B.S. 하나님 마음에 합한 시리즈 ❾

하나님 마음에 합한 여인

지은이 | 프리셉트성경연구원 편

초판 1쇄 | 2003년 12월 23일
개정 1판 1쇄 | 2009년 10월 1일
개정 2판 1쇄 | 2012년 9월 21일
개정 3판 1쇄 | 2014년 3월 7일
개정 3판 3쇄 | 2025년 3월 20일

발행인 | 김경섭
국제총무 | 최복순
총무이사 | 김현욱
편집부 | 고유영(편집실장), 김성경, 김지혜
인쇄 | 영진문원

발행처 | 묵상하는사람들
등록번호 | 108-82-61175
일부총판 | 생명의말씀사 Tel. (02) 3159-7979 Fax. 080-022-8585

주소 | 서울특별시 서초구 청룡마을길 8-1(신원동) (우) 06802
전화 | (02) 588-2218 팩스 | (02) 588-2268
홈페이지 | www.precept.or.kr
국민은행 431401-04-058116(프리셉트선교회)

값 5,000원
ISBN 978-89-8475-617-5 04230
978-89-8475-353-2 04230(세트)

독자 여러분의 의견을 기다립니다.
(02) 588-2218 / pmbook77@naver.com